生命樹

Health is the greatest gift, contentment the greatest wealth.
~Gautama Buddha

健康是最大的利益，知足是最好的財富。 ——佛陀

像冠軍一樣思考

運動心理學大師的20個思維訓練，成功從心態開始

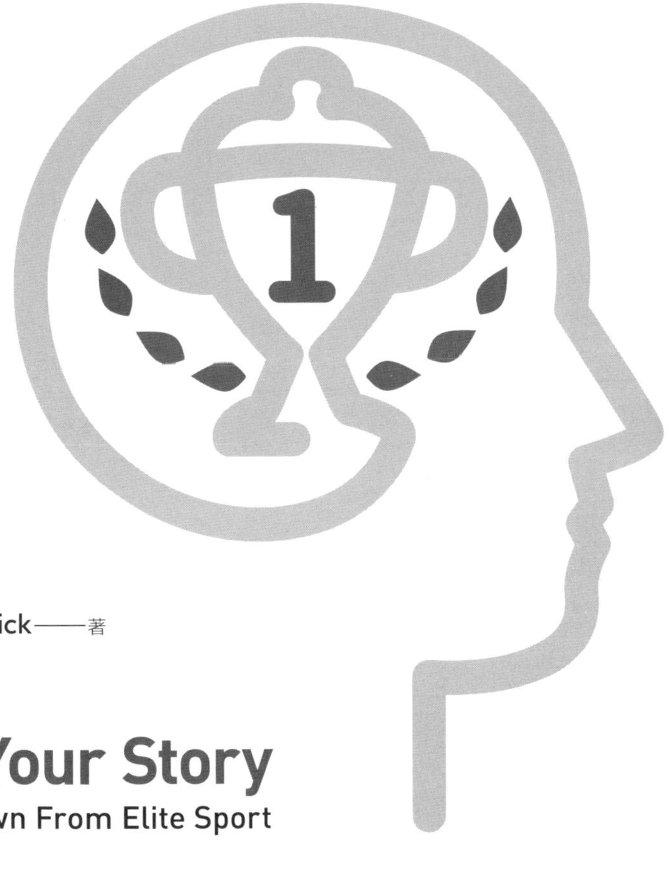

比爾·貝斯維克 Bill Beswick——著

葛窈君——譯

Changing Your Story

20 Life Lessons Drawn From Elite Sport

致我深愛的孫子孫女們：

湯姆（Tom）、露西（Lucy）、凱媞（Katy）、

阿爾菲（Alfie）、阿洛（Arlo）和奧蒂斯（Otis），

我相信你們會以美妙的新方式改寫我們家的故事。

像冠軍一樣思考

目錄

—推薦序—

人生不是得到，就是學到！準備奪冠了嗎？

歐陽立中》暢銷作家／爆文教練

在我開始讀這本書前，我和你心裡出現一樣的納悶：「我又不是運動員，讀這本書做什麼？」直到讀到作者一段話：「運動員與普通人不一樣的地方在於，他們學過身心兩方面的策略，能建立並維持高水準的表現，這就是他們成功的理由。」那瞬間，我被說服了！

回想一下，去年東京奧運，我們全程守在電視機前為選手加油！看著柔道選手楊勇緯一路殺進金牌戰，最後勇奪銀牌。他在鏡頭前落淚，人家安慰他得牌很厲害了，但他說：「我要的是金牌！」這是頂尖運動員對自己的要求；看著羽球選手李洋、王齊麟先輸掉第一場比賽後，竟然越打越順，勢如破竹，最後拿下男子羽球雙打金牌，這是頂尖運動員的自我控制；看著羽球選手戴資穎，場場硬戰，對手研究她、熟悉她，但她堅持靈動球風，奪下銀牌，這是頂尖運動員的對自己的不設限。我們在場邊吆喝吶喊，為勝利舉杯，為輸球懊惱，甚至當起鍵盤球評指指點點。但有沒有想過一件事，那些頂尖運動員已經寫下他們的人生傳奇新頁了，那我們呢？

回到比爾．貝斯維克的《像冠軍一樣思考》，我突然發現這本書最好的讀法是：首先，設定一個你想完成的目標。其次，回想是什麼原因阻擋你完成目標。最後，翻開這本書，找出問題的核心。你會發現，書裡表面上寫的是運動員的故事，但實際上他們曾面對的恐懼和迷惘，都是我們在追求目標時絕對會遇到的難關。為什麼你需要這樣的一本書？因為人面對低潮時，往往容易自我懷疑、越陷越深。你只糾結於當下困境，卻沒看見你本來就擁有的能力、韌性，以及困境背後的機會。正所謂「當局者迷，旁觀者清。」作者比爾．貝斯維克從他多年來擔任運動心理學家的經驗，以及引導運動員突破困境的案例，幫助你重新設定心理機關，讓你擁有迎難而上的勇氣。

書裡提供非常多冠軍的思考方式，像是「勇於承擔責任」、「找出你的動力」、「態度決定你的表現」、「你是自己最大的對手」、「關鍵時刻主動出擊」等。若你只看標題，乍看之下會以為是什麼心靈雞湯，但我請你耐心把每篇都讀完，因為一來作者非常會說故事，二來作者非常有方法。舉一個書裡我最喜歡的故事為例：

有個足球教練請作者幫忙，抱怨他球隊所面對種種危機：要跟全國第一的球隊比賽、球員傷病不斷、還有球員因藥物問題被禁賽。結果你知道作者怎麼做嗎？作者請他掛斷電話，一個小時後再打來，因為作者不喜歡這個版本的故事，請他「改寫一下」再打來。一個小時後，作者聽到的版本變成：「我帶領的球隊有個大好機會，要挑戰排名第一的大學，而且我們擁有主場優勢，全場觀眾都會支持我們。我也可以展現教練技巧，證明年輕團隊能靠拚勁和團隊戰勝一切不利條件！」作者稱這個技巧為「改寫故事」，當你面對難關時，請先按下心靈暫停鍵，並重新建構你的故事，把自己寫成贏家。這不是阿Q心態，而是讓你看見另一種可能，才不會把恐懼活成了現實。

筆走至此，我回想起自己教爆文寫作時，學員最常問的問題不是如何寫，而是「我只是個小咖，我寫的東西大咖根本看不上。」我總是告訴他們：「小咖又如何？你是小咖，那就寫給小小咖看。總有讀者在等待你的文章！」

你發現了沒有？的確，現實很難，但比現實更難的是，我們不相信自己有迎難而上的本事。你不一定要成為冠軍，但請一定要像冠軍一樣思考！哪怕失敗了，你也會笑著告訴自己：「人生不是得到，就是學到！這次，我學到了！」我想，對你而言，奪冠只是遲早的事。

—推薦序—

頂尖對決，心智就是決勝關鍵

陳志恆》諮商心理師

近二十年來，運動領域漸漸注意到心理素質在運動員訓練中的重要性。

去年東京奧運，是我國在奧運史上獲得最多獎牌的一屆。當你我在電視機前屏氣凝神，為選手加油，關鍵時刻覺得「心臟好痛」的同時，在場上較勁的選手，卻扛著超乎你能想像的巨大壓力。

還記得，在一場冠軍賽中，聽到球評說，能打到四強甚至冠軍賽的選手，實力早就在伯仲之間，體力或技能已經不是最重要的事，決勝關鍵在是否能保持穩定、正常發揮。

我非常同意！但「保持穩定、正常發揮」這八個字，聽起來容易，做起來卻超難；特別，是在巨大的壓力情境之下。

換個場景，每年都有大批學子要面對升學考試，三年苦讀，孤注一擲。我常叮嚀考生們，考前的最後一個月，拼的不是你讀了多少，而是你的狀態好不好。你實力如何，那是長時間累積的結果，但身心狀態是否穩定，大大決定了你能否把實力充分發揮。

還記得，我在高中聯考前，出現了一陣子的讀書倦怠期。當時，明知道得努力K書，最後衝刺，但怎麼樣就是提不起勁，不是對著書本發呆，就是在書房裡來回踱步，內心焦躁不已。當時的我，不知道自己怎麼了！

幾天後，某天晚上，父親來找我，他沒說什麼，只說：「走，上車，我們去看電影！」就這樣，連看了五個晚上的電影。接著，某一天早上起床，我重新擬好一份考前兩週的讀書計畫表，每天按表操課，最後高分錄取第一志願的學校。

我特別感謝我的父母，在那考前的緊要關頭，沒有碎唸、沒有責備，而是寬容地信任我。甚至，帶我去看電影、散心，讓我有機會轉換心情、調整自己。一段時間後，我自然重新找回昔日讀書的手感。

人生是由許多關鍵時刻組成，比起一般人，運動員更會遇到許多賽場上的「關鍵時刻」。《像冠軍一樣思考》的作者比爾．貝斯維克，除了曾是球員、教練外，更是運動心理學家。他在書裡帶我們思考，在關鍵時刻，你是透過表現來定義你的關鍵時刻，還是，被關鍵時刻所定義？

籃球場上有所謂的「零秒出手」（buzzer beater），或者說「壓哨球」會更精準一點；終場前幾秒，當球傳到你的手中，眾人期待著你的致勝一投，你會選擇出手，還是把球傳走？

你會說：「當然是出手呀！」

人人都想成為致勝關鍵。然而，就算是最頂尖的傑出選手，都可能臨陣退縮。為什麼？這和他的心理狀態有關，說得更精確點，與當下他腦海裡浮現的是什麼有關。

如果，剎那間，你腦中充斥著過往的失誤、他人的否定、自我懷疑的聲音，那麼，你已經提早棄權了。反之，你的注意力聚焦在過去的成功經驗、曾被肯定的喜悅，以及對目標與求勝的渴望上，你的手感正發燙。

為什麼，有的人在關鍵時刻退縮不前，有的人則能把握良機、致勝一擊？這一切都與你如何思考有關。本書就是透過運動場上的實例，提供你穩紮穩打、漸次提升的思維方式，逐漸改變你的思考習慣，鍛鍊自己的心智能力。心智的進化，會將你推向極限邊緣，甚至，超越極限。

不論在職場、考場、情場或運動場上，最終，你會發現，你要贏過的不是對手，而是自己。如何更專注於目標、屏除外界雜音、克服內心魔咒，以及穩住陣腳，其實，都是有方法，有策略的。

閱讀這本書，你可以將頂尖運動員的思維方式做為榜樣，從模仿開始，有意識地刻意練習新的思考方式，你將逐漸拆除那阻擋自己的高牆，並在內心堆疊起通往成功的階梯。

—推薦序—

鍛鍊心智強度，達到想要的高度

姚詩豪 》「大人學」共同創辦人

雖然我們多數人都不是職業運動員，甚至連業餘運動員都不算，但我相信很多人跟我一樣，看到運動員在場上不計一切全力拼搏，最後因為成功（當然也有失敗）而流下淚水時，隔著螢幕的我們，內心也激動不已，甚至一起拭淚。我常在想，這些未必有明星顏值，當然也沒有專業演技的運動員，為何會一次次撼動我們的內心呢？

我想答案是「真」，不光是「真實」的真，也是「認真」的真。

對許多朝九晚五的上班族來說，工作不過是養家活口、不得不為的負擔。但對於運動員來說，每次短則幾分鐘，長不過數小時的登場，都是他們長久積累的綻放，是生命的濃縮。

我們「一般人」不會從小投入那麼多年的生命，只為了在強敵環伺的運動場上一次性決定勝負。我們也不會把整段人生的成敗，賭在那一瞬間的射門或投籃動作上。看到運動員們將如此大規模的天賦、時間與精神集中投入在如此單一的活動上，我們由衷地佩服，羨慕，並感謝他們讓我們見識到人類的極致！

但運動員也是人，也會有情緒。在他們「超人類」的表現背後，除了高素質的身體做硬體，更有著一般人難以企及的精神強度。根據許多專業教練的看法，後者才是運動員能否成功的關鍵！

這本書透過多個真實案例，分享了運動員面對挫敗、焦慮、恐懼、壓力的時候，是如何運用心理學的技巧，重拾正向的態度。當中有許多小故事深得我心，也跟我的教育事業遙相呼應。例如，書中談到當足球員面對排山倒海的觀眾壓力時，如何將「被威脅」的心態轉換為「被支持」的心態。這當中的技巧，正好也是我過去教導年輕講師克服聽眾壓力時所採用的方式。

你我在離開學校，進入「大人」的世界，從考場、職場到情場的挑戰，其實也跟運動場上的處境差不多。我們雖不靠打球賺錢，但我們都靠各自的專業賺錢，跟職業運動員一樣都是個「PRO」，如何在職業生涯中，鍛鍊我們的心智強度，達到我們想要的高度，這本書有許多可以借鑑之處！

英文版推薦序

我很幸運天生就有強烈的競爭心，而在我代表英國參加游泳比賽的過程中，接觸到了運動心理學和比爾．貝斯維克，更強化了我的心態。比爾跟我們分享了對競技運動的新觀點，他說的第一句話一直印在我的腦海中：「運動員靠的是心智，身體只是手段。」

從那一刻起，我和我的教練梅蘭妮．馬歇爾（Mellanie Marshall）就把思維訓練歸入準備工作的一個重要部分。我一直在努力成為冠軍，這在很大程度上是因為我在每天的訓練中像冠軍一樣思考。當然我曾經遇到過問題和一些挫折，但比爾教會我們應對這些困難，而不是對這些困難做出反應。

很高興能透過這本書分享我很喜歡的故事，我從這些故事中汲取教訓，並且學到一些策略去增強精神力量，保持情緒控制，這些都是競技場上的關鍵技能，在二〇一六年奧運英國游泳隊中發揮了重要作用。

那個晚上在里約的大批現場觀眾和全世界的電視觀眾面前，我只有五十七秒的時間來締造一生的紀錄並贏得金牌。那一刻由頭腦接管，測試你在壓力下發揮平常訓練表現的能力。絕佳的身體準備加上專注強韌的心態，是我成功的關鍵。

我相信競技游泳的經歷及其身心挑戰使我成為更棒的運動員，同時也成為一個更好的人。在這本書中，比爾提供了機會讓你擴展心智，像冠軍一樣思考。推薦給你！

亞當．比提（Adam Peaty）

大英帝國員佐勳章

世界、奧運、歐洲、大英國協和英國冠軍

前言

這本書裡有很多故事。我被培養成一個說故事的人，小時候家裡沒有電視，我父親會在星期天讓四個兒子（我是最小的）每個人講述前一天足球或橄欖球比賽的故事。

說故事之王是我的大哥弗雷德，每個星期他活靈活現描繪出的比賽總是讓我回味很多天。他的隊伍英勇無比，對手是大壞蛋，情節總是克服逆境獲得不可能的勝利。弗雷德常常是故事中的主角，算他運氣好，講這些故事的年代沒有相機或錄影機記錄真相！

對於一個小男孩來說，這些故事引人入勝，我用來想像在同樣的情況下我會怎麼做。所以後來順理成章的發展是，運動成為我的主要興趣，講故事則成為我擔任教師、教練、講師和運動心理學家的風格一部分。

多年後，我遇到了另一位爐邊說書人，他提醒了我，故事不僅是我們個人身分的核心，也是把我們與其他人聯繫在一起的黏合劑。在蘇聯鐵幕瓦解之前，我們一群大學講師曾經造訪當時的捷克斯洛伐克，目的是推廣高等教育。一天晚上，我們的東道主聯絡官邀請我參加在一座小鎮邊緣舉辦的燒烤晚會。場地中央是一叢簡單的篝火，火上烤著臘腸和馬鈴薯，還有少數幾樣飲料。當晚的重頭戲是一位老人突然從座位上站起來，開始繞著火堆走。除了我，其他人都加入跟著走。我在一旁觀看，全神貫注於正在發生的事情。東道主解釋，這位老人是村里的說書人，他延續、重述村民共同歷史中的神話與傳說，鞏固了祖先留下的傳承，並添加最近的故事。我看到這一群人的專注、活力，以及與說書人之間的連結，以一種既獨特又舉世皆然的方式印證了說故事的力量。

人類是一種愛說故事的生物，人類學家和社會學家充分證明了說故事的重要。故事的傳播方式從古老的洞穴壁畫演變到今日的社群媒體，但強大故事的影響力並沒有減弱。代代相傳的故事傳承跨越不同群落，在各個利益和友誼團體中流傳，文化因而得以吸收綿延，人生的教訓得以被學習。故事用富含情感的方式傳遞訊息，為行動提供正當的基礎，締結社會關係，促使我們的人生改變。

體育世界非常適合故事，因為體育不僅僅是運動，更是「裹著情感的運動」，充滿了不可思議的英雄、讓人又愛又恨的壞蛋、鹹魚翻身和克服重重困境獲勝的故事。從我大哥的爐邊傳奇，到最激動人心的奧運和世界盃勝利（或失敗！），**體育界講述的故事總能捕捉到我們的想像，在賽場外鼓舞我們的行動**。生活和運動都關乎人與人之間的連結，而故事以其情感力量傳遞具有影響力的訊息，把我們與其他人的生活連結在一起。當故事內容能夠幫助我們理解自己的人生時，力量特別強大。

談到故事和情感幫助人們應對挑戰的力量，沒有人比已故美國籃球名教練吉姆．瓦爾瓦諾（Jim Valvano）懂的更多。

吉姆是說故事的高手，四十六歲時被診斷為癌症末期，他強撐病體在旁人協

體育和生活其他方面都取得了極大的成功。

不僅僅是運動界的人，每個人都想成為生活中的佼佼者。然而經常發生的情況是，日復一日枯燥繁重的日常生活挑戰磨滅了我們的志向，使我們安於不盡如意的生活。精神分析學家史蒂芬．格羅茲（Stephen Grosz）是這樣說的：「我們大多數人都曾經感覺被自己想或做的事情所困，被自己的衝動或愚蠢的選擇所困，被某種不快樂或恐懼所困，被我們自己的歷史所困。」

我從事的工作就是改變思維和行為，使人們從消極轉變為積極，所以這本書包含了許多經驗教訓，可以幫助讀者在精神和情感上變得更強大。**運動員與普通人不一樣的地方在於，他們學過身心兩方面的策略，能建立並且維持高水準的表現，這就是他們成功的理由**。我在此分享與頂尖運動員和準冠軍共事的經驗，讓你得以一窺運動場內的風光，有機會認識運動員及教練用來克服壓力焦慮迎向挑戰的策略和戰術。希望我描繪的故事能夠鼓勵你，在你自己尋求更充實人生的過程中採用這些策略。

本書講述的故事來自我個人生活以及在體育界打滾的經驗，橫跨多種大眾休閒運動，從學生和代表隊比賽到職業和國際水準，涵蓋地域包括英國、歐洲和美國。我分享了擔任教練多年的經驗，成就包括書房架上放著的大英國協籃球金牌和英格蘭足球聯賽盃獎牌，還有在曼聯、德比郡、米德斯堡等足球隊擔任運動心理學家的經驗，以及支援英格蘭和英國男女足球、橄欖球、籃球和游泳隊的經驗。故事中出現的許多運動員很樂意讓我引用他們的名字，但本著保密的精神，同時也是為了讓讀者專注於故事的訊息，所以我決定匿名。不過若是公共領域的楷模故事就會寫出名字。

我持續向體育界、教育界和商界群眾講述我的故事，大多數人覺得這些故事挺有意思，聽了很開心，還有一些人深受感動和影響。我一直在輔導那些決心在生活中做出改變的人（或者可以說是扮演他們的「思考夥伴」），為他們提供建議、鼓勵並且鞭策他們實現目標一直是我最大的樂趣之一。

我們每一個人都有無助和脆弱的時刻，需要有人幫助我們找到新方向，駕馭新能量。這些故事也幫助賦予了我自己的人生意義和目標，雖然我不能直接指導你，但我希望透過分享故事幫助你掌控自己的人生故事，成為你自己故事的主人而不是被牽著鼻子走。

第一步是承擔責任，掌控自己的命運。這沒有年齡限制，只要保持堅強、有彈性的心態，就可以在人生任何時候帶領自己走上新的方向。電影明星克林・伊斯威特（Clint Eastwood）打高爾夫球時曾經被記錄了以下對話：

球友：「克林，你幾歲啦？」

克林：「週一滿八十八歲。」

球友：「你打算做什麼？」

克林：「我要拍一部新電影。」

球友：「是什麼讓你堅持下去？」

克林：「每天起床我都拒絕讓那個老頭子上身。」

掌控你的人生故事，
成為你自己故事的主人。

這個故事使我震撼。我患有帕金森氏症，儘管年齡和疾病會影響身體狀況，但是和克林一樣，不要讓這些阻止你立志實現目標。要當個鬥士還是受害者，選擇權永遠在你手上。我有帕金森氏症沒錯，但是病痛打不倒我！你怎麼想，就會成為怎麼樣的人！

且讓我用索忍尼辛（Aleksandr Solzhenitsyn）的話為這段引言收尾，這位一生跌宕起伏的俄羅斯作家說：「如果你想改變世界，要從誰開始呢？你自己還是其他人？我相信如果我們從自己做起，做該做的事，盡力成為最好的人，就更有機會讓世界變得更好。」

01

承擔責任 跨越界線

一九九五年我開始在德比郡足球俱樂部工作時，被視為運動心理學的先驅。當時對心理學如何在足球隊發揮作用知之甚少，沒有可供我參考的課程，我只能靠自己摸索——正所謂需求激發出創造力。

我從在美國參訪的經驗中確實學到的一件事是，應該與球員一對一面談，幫助他們解決各種表現的問題。美國運動心理學家認識到，精神和情緒障礙會嚴重限制表現，而且運動員只會在保密的一對一環境中透露他們察覺到的這類弱點。我查看了與各個球員初次面談時的筆記，發掘出一致的模式，球員們指責別人，為表現不佳找藉口。一次又一次，從我的觀點記下的筆記都是：球員沒有為他自身的情況負責。

等到賽季第一次休息結束球員歸隊時，我問總教練吉姆．史密斯能不能讓我和整個球隊談談。吉姆同意了，於是全隊聚在一起，聽我說我在曼徹斯特成長的故事。我是家中最小的孩子，家裡環境不好，對我們這些孩子的期望不高。然而，考進菁英中學讓我對人生有了不同的看法。我父親是個教育程度有限但很聰明的半技工，他注意到這件事，給了我一個寶貴的建議。

他在地板上畫了一條線，告訴我這條線代表人生中一個重要的選擇。留在線的這一邊，這是環境迫使他做出的選擇，是一種等著別人告訴你該做什麼的生活，你只是單純接受命運。但這不是他對我的期望，他敦促我跨越界線，成為定義自己生活的人。但是**踏出這一步意味著對自己的境遇負責，並且接受偶爾會有的失敗。**

我繼續和球員們分享，我父親的感悟來自我的一個哥哥，他對任何失敗的反應都很糟糕，非常介意而且情緒激動，以致於無法承受。不幸的是，我哥哥借助酒精來平復精神和情緒的不穩，結果小問題變成了大問題。

我告訴球員們，我之所以站在他們面前分享這些經歷，是因為我這一生都在跨越界線。即使有很多藉口擺在眼前，即使責備別人更容易，我仍然選擇承擔責任。我了解到，儘管有時你無法選擇身處的情境（壞事確實會發生），但你永遠可以選擇要怎麼反應。

仔細衡量現場氣氛以後我告訴球員，如果他們能夠找到勇氣為自己所處的情況擔起責任，這會對他們的人生和職涯產生多大的影響。我提醒他們，成熟的定義是負起責任掌控管理自己的人生。為了指導他們未來的行動，我提供了NFL（美式足球聯盟）傳奇教練比爾・貝利奇克（Bill Belichick）給球員的簡單定義：

> 責任意味著在你應該做的時候做你應該做的事情，意味著在你應該在的時候在你應該在的地方，意味著做你說你要做的事情，並且由你自己與其他人正確執行。

這場談話給隊員們留下了深刻的印象，其中一些人展現了顯著的改善，更有能力應付那些限制了他們表現的問題，例如不守時、訓練時不專心不集中，以及普遍欠佳的工作倫理。特別是有一位球員在這次談話後徹底改變。喬治很有天賦，但一直拒絕改變他糟糕的生活方式，儘管教練們警告他到最後這會妨礙他進步。慢慢的，喬治學會了重新掌控自己的生活，我和教練們都看到他如何開始避免做出看起來誘人但長期而言是錯誤的決定，在交友方面做出更好的選擇，創造更好的生活型態，學習不做出會後悔的承諾，並且因為贏得隊友和教練的信任所以走起路來更抬頭挺胸。

自律並不容易，需要走出舒適區（不逃避責任、責備他人），接受不舒服（有擔當，肯負責）。我喜歡心理學家蘇珊．大衛（Susan David）在《情緒靈敏力》（*Emotional Agility*）一書中對這件事的陳述：

如同每個英雄的旅程，我們邁向更美好人生的起始是勇敢現身。這並不表示我們必須面帶微笑或殺死所有惡魔，但確實意味著我們必須正視心魔，與其和平相處，找到一種誠實開放的共存方式。當我們完全現身時，即使是最壞的惡魔通常也會退縮。

你必須跨越的第一條線就是勇敢現身，面對環境帶給你的挑戰。對於我們大多數人來說，這些挑戰包括從事責任重大的工作、建立正向積極的人際關係、履行財務承諾。要實現這些目標並且大展鴻圖，你必須學會控制情緒，保持積極的態度，避免找藉口什麼也不做，並且在面對困難時不屈不撓。

到現在我從事運動心理學這一行已三十多年，完全體認到第一堂課的重要性。一個充分發揮的運動員或成年人，**第一步是對你的情況和你採取的行動承擔責任和義務**，這是培養精神力量的基礎，有足夠的精神力才能應付運動場上和生活中的挑戰。當然，責備他人或找藉口總是更容易，然而倘若你鼓起勇氣跨越界線，所獲得的回報就是更充實、更成功也更滿足的人生。

鼓起勇氣
跨越界線。

行動要訣

- 訓練自己在遇到新挑戰的時候第一個反應是：「我要怎麼樣做出最好的應對？」
- 停止找藉口或責怪他人。當你可以自然而然做到時，給自己一個鼓勵，想一想你可以如何承擔責任。

02

找出你的動力
選擇A級人生

我在運動心理學家的職業生涯初期遇到了合作過最傑出的足球運動員之一。戴倫在體能方面或許不是最有天賦的運動員，但心志堅強，「戰士運動員」最能貼切形容他的堅毅。這使得與戴倫共事特別有意思，他每天都在鞭策每一個人變得更好，不輕易容忍笨人和懶人。

他在訓練和比賽中的自我要求與表現讓我留下了深刻的印象，可是當我告訴他時，他完全無動於衷，不理會我的評論。我不知道該如何了解他，該如何與他建立關係。結果球隊裝備人員的意見為我解了惑，他說戴倫只有在受到挑戰時才會動起來。第二天，我向戴倫提到他可以改進的一個地方，他變得熱心參與談話，而在我們探討這個話題時，我終於意識到，就是這種持續求進步的強烈意願使戴倫與眾不同

這是戴倫前進的動力所在，強烈的動機凝聚出非凡的熱情與承諾。他每天**把自己推向極限，享受進步的感覺**；如果沒有進步他就會變得暴躁易怒，對教練擺臉色。這種自我施加的壓力是高成就者的特徵：為了成為他們想成為的運動員，

頂著疲勞和外部壓力日復一日維持紀律、專注和活力的能力。

所以戴倫特別喜歡那則美國大學生的故事並不讓我意外。故事中有一群打算朝醫學深造的分子生物系學生，課程快結束只剩下期末考試，考試開始前，教授給了他們一個驚喜。為了表彰他們上課期間的出色表現，教授準備自動給予他們B的成績，換句話說他們不僅通過了這門課，而且不需要參加考試。

可以想像，大家鬆了一口氣，所有人跳起來解散，大概是往最近的酒吧衝，只有一個學生例外。教授向獨自坐在教室裡的那個學生重述了他的提議，但那名學生坐著不動，等著發考卷。期末考卷發下來，上面只有兩行字：「恭喜，你這門課得了A。請你繼續相信自己。」這是對這個學生的公正獎勵，他有強烈的動力（盡力做到最好），努力去做並相信自己。

和優秀運動員討論時，我會在一開始告訴他們，我最大的貢獻就是和他們分享想法。我沒辦法安排操控他們的行為，因為他們的行為完全是他們自己的選擇，也完全由他們自己負責，控制權完全牢牢掌握在每個運動員的手中，我所能做的就是分享一些關於他們在特定情況下可以做出哪些最佳決定的想法。承擔責任可能帶來挑戰，但卻是維持一貫優異表現的關鍵。

戴倫和故事中那個生物系學生都對達到最高標準有著超群的熱情。要對你的情況做出重大改變，必須要弄清楚你的熱情和目標所在：想要改變的動力（為什麼），以及想要達到的目標。因此我在輔導支持案主時，總是詢問三個關鍵問題做為開場：

- 你想要什麼？
- 有多想要？
- 你願意承受多少？

這三個問題的答案構成了行動的基礎，驅使人做出改變和改進。接下來的關鍵是幫助案主連結原因（想要實現的目標）與方法（實現目標的計畫）。

我用這三個問題詢問在上個賽季贏了所有比賽的一支球隊，他們的回答清楚體現了動機的力量。儘管上個賽季的好成績是放鬆一下的現成藉口，他們依然集體回答他們想要的是：

- 再次獲勝；
- 贏對手更多；
- 贏得有格調。

我對坐在我面前的這些運動員說，他們每天做的選擇決定了他們生活的等級。我請他們描述A級、B級和C級運動員（或人生）之間的區別，而這三級的差異通常環繞著你有多少程度的決心，最大限度利用可運用的資源並且充分把握眼前機會——這是每個人，不僅僅是運動員，每天都在做的選擇。

然而，提高承擔的等級是不舒服的，需要投入更多時間和努力，所以大多數人安於唾手可得的較低等級生活。然後我請這些運動員想像自己是A級運動員，描述他們的職業生涯故事，於是精彩的故事不斷湧現，述說他們如何充分發揮自己獨特的潛力，取得巨大的成功。**每個人都應該想要並且能夠過A級生活，但就像故事中那個傑出的學生一樣，必須每天做出艱難的A級選擇。**

當然，抽不出時間和力氣承諾做出A級選擇的理由有一千個，但是你沒有理由不去試試看！為了成功，你需要找到一個讓你產生熱情和承諾的動機，使你能夠選擇你想要過的生活。你的人生就是你的選擇——找出你的動力！

你的人生
就是你的選擇——
找出你的動力！

行動要訣

定義生活中你認為重要的東西，然後設定目標：

・你想要完成什麼？

・你想要產生什麼樣的影響？

・你希望如何被人們記住？

03

改寫你的故事
成為贏家

幾年前，我在柴郡的家庭辦公室接到一通電話，是在美國頂尖大學擔任足球教練的詹姆斯打來的。他向我說明他的慘況，接二連三的危機使他焦頭爛額：再過兩天，他們球隊要和全國排名第一的大學對戰，主場賽，第一次所有的票完售，而且有一家全國性的電視台要做直播。問題是隊上因傷缺席五名正規球員，在他打電話的當天又有四名球員因藥物問題被禁賽，這意味著他必須讓至少五名十八歲的新生上場比賽，其中三人從來沒有上過一軍。

他聽起來絕望而挫敗，要我幫幫幫他，讓他驚訝的是，我給他的回覆是我現在要掛斷電話，希望他過一個小時再打電話過來，並且補充說我不喜歡他講的故事，他**需要改寫一下**。然後我掛上了電話。

一小時後，詹姆斯回電，用非常興奮的聲音告訴我，他的隊伍在兩天後有一個絕好的機會。他們將在全國電視轉播中與排名第一的大學對戰，這樣的挑戰想想都讓人激動，而且還是主場賽，有滿場的熱情支持觀眾。不僅如此，他還可以展示他的教練技巧，證明他帶領的年輕團隊能夠靠組織、熱情和幹勁戰勝一切不利條件贏得比賽。

我讚揚了詹姆斯教練的新故事，並請他告訴我比賽結果。兩天後（當然是在半夜）傳來了一則簡訊：「三比〇贏了，謝謝。」

遇到重要事件即將來臨卻諸事不順時，每個人都曾經像詹姆斯一樣恐慌。我曾經聽過創下單人帆船環球航海最年輕紀錄的艾倫．麥克阿瑟（Ellen McArthur）在一次演講中透露，桅杆斷裂她可以應付自如，但是茶包用完時她哭了一整天。好幾件小事劈哩啪啦地出錯也會讓我們惶惑不安。

詹姆斯做的最正確的事，就是與他信任的人分享問題和他的感受。我很清楚，當我以值得信賴且不帶偏見的顧問身分輔導案主時，我可能是他們唯一感覺能夠分享恐懼和焦慮的人。雖然在諮商過程中可能無法找到解決問題的現成方案，但他們經常告訴我，經過討論以後感覺好多了。正如我母親經常說的那樣：「問題分享以後，煩惱減半。」每個人都應該找一個可以分享的「中立朋友」，所以我很高興詹姆斯來找我。

忙碌的人常陷入我所謂的「跑步機心態」，忙到無法思考。我有太多次目睹在賽季開始時教練興致勃勃想要討論原理和策略，卻在開賽二個月後發現他們只能專注於如何度過這一天。現代生活的壓力、對競爭和成就的要求，或者只是為了不落人後，這些原因使我們所有人在跑步機上跑個不停。

體育界有一句流行的說法是「疲勞使我們所有人變得懦弱」，這句話常被認為是已故的美式足球名教練文斯・隆巴迪（Vince Lombardi）所說的。

在健身房和生活中的跑步機是一條傳送帶，站在上面的人需要不斷跑動，消耗能量和情感。

我們當中有多少人曾經處於這種狀態，之後又對自己的行為感到後悔？過去有一段時間我能夠駕馭工作的跑步機，但回家時卻疲累不堪，情緒失衡，幾乎沒有精力留給我生命中最重要的關係（在這裡向我的妻兒道歉！）。

一小時的空白足以讓詹姆斯教練從跑步機上下來，進入「精神暫停」，超越自己的情緒、擔憂、不確定、害怕丟臉，回到平常的思維模式。只有這樣，他才能接受挑戰，開始看得更深更遠。隨著他慢慢恢復到積極的心態，詹姆斯開始看到機會，而不是危機。

很多時候因為受到負面情緒的扭曲，我們對情況的第一個解釋是將其視為麻煩或危機。從詹姆斯的故事可以學到很重要的一件事，那就是「踩煞車」的心靈訓練，**停住最初的反應，更理性地重新構建解釋**。做到這一點就能恢復積極性和動能，看見前進的道路，用這種方法就**能把一開始視為問題的事物轉化為機會**。

與其浪費時間和力氣去擔心無法控制的問題，詹姆斯現在已經牢牢鎖定焦點在解決方案上。打第二通電話時，詹姆斯又回到了他慣常的「鬥士心態」——精力充沛、承擔責任、具控制力並且享受挑戰。他已經拋棄了最初的「受害者心態」——被動、容易找藉口、在壓力下尋求躲避。他改換後的肢體語言、話語和熱情對他負責領導的年輕團隊產生了激勵作用。

身為面臨挑戰者的思考夥伴，我的任務是讓他們有足夠的空間離開跑步機，超越自己的情緒，登上「直升機」觀看大局以及所有機會。

迎接生活的挑戰時，我們都會面臨與詹姆斯類似的情況，遇到同樣的選擇：你要當受害者還是鬥士？詹姆斯思維方式的戲劇性轉折，讓我們看到一種很簡單就能執行的可貴策略，只要花點心思訓練，你也能做到。如果你不喜歡你的故事，你也可以改寫故事！

註：兩年後，詹姆斯獲得了美國國家足球教練協會的頂尖大學足球教練獎，我和我的妻子到場觀禮。

如果你不喜歡你的故事，
你也可以改寫故事！

行動要訣

- 下次當你感到不知所措或無法控制自己所處的情況時，請「喊暫停」並重新構建你的敘述，把自己寫成贏家。
- 為自己找一個「思考夥伴」。
- 你是你自己故事的作者，你想要如何講述你的故事？

04

不設限 相信自己

哈利的母親提供的線索讓我知道是什麼限制了她兒子的表現。哈利是個高大、強壯、才華橫溢的十五歲網球選手，因為在大型賽事中表現不如預期，所以來找我諮商。哈利的母親透露，她的兒子在溫布頓青少年錦標賽前兩場比賽輕鬆獲勝，他們對他打進準決賽的機會感到非常樂觀。然而，在前往第三場比賽的路上，哈利無意中聽到他的教練向另一位教練說，下一個對手排名比他高三十名。這顯然對哈利產生了負面影響，他在那天稍後的比賽中突然表現很差。

哈利承認，聽到排名使他對敵手感到敬畏，在他的腦海中已經預料到了結果，所以他就照做了。這是自證預言的一個明顯例子，**行為遵循期望，你變成了你所想的樣子**。哈利完全忘記了前兩場比賽的成績，一心相信依據排名對手比他強，然後就「卡住了」。實際上他根本還沒踏上球場就擊敗了自己。根據我的經驗，年輕運動員仍在培養自信的過程中，這是一種常見的反應。

環境、教養和生活中重要的人都會影響你對自己的印象。你看待自己的方式創造了你的現實，你對自己的期望成為你的行為規範。聖雄甘地說：「你的信念成為你的想法，你的想法成為你的話語，你的話語成為你的行動，你的行動成為你的習慣，你的習慣成為你的價值觀，你的價值觀成為你的命運。」

一位足球教練本能地模仿他父親的風格和行為，因為他在整個成長過程中看到的是教練父親的榜樣，這就是他對教練應該怎麼做的印象。我們花了一些時間才打破他強加在自己身上的限制，說服他相信他可以變得不一樣，變得更好，採用對他這一代更有效的教練風格。

我們的信念和思維模式的塑造，源自童年的情感藍圖加上其他重要經歷，這些想法會造成內心的障礙，使我們難以相信自己，甚至難以看清自己，所以即使是最微小的不幸也能讓我們陷入消極的自我對話，像哈利一樣被自己的思考過程搞得心煩意亂，想著可能出錯的每一件事，把焦點放在其他人正在做的事情，不再相信自己。我們把自己搞得狼狽不堪。

有一個簡單的方法可以確認兒童的自我認同，就是要他們畫一幅畫把自己畫進去。我的一個朋友有兩個兒子，一個把自己畫在角落，另一個畫在中央。這完全符合他們的人生態度：一個把握生活中的機會，另一個則活在邊緣。

在我人生的早期對這種苦惱有切身體會，相信我只是在跟著命運走。我幾乎是本能地退縮，遊走於「畫面邊緣」，一直要等到生活中更積極的力量——學業、事業和體育方面的成功，以及結婚成家——聚集到足夠的臨界量，允許我移除對自己設下的限制。

我常用三個泥水匠的故事來解釋樹立自我正面形象的力量。有一個人路過建築工地，停下來問泥水匠在做什麼，第一個泥水匠回答：「我在砌磚。」第二個泥水匠被問到同樣的問題時，回答說他正在賺每小時十英鎊的薪水。然而問到第三個工人時，他的回答是他正在建造一座大教堂，將來可以自豪地向孫子們展示他協助創造出的成果。這三個泥水匠做的事一樣，但他們**對自己在其中的角色有完全不同的看法，這對他們的工作態度產生了重大影響**。

如果我們能在我們所做的任務中找到真正的意義，將會提高結果的品質和成就，我們將創造一個更好的自己。

阻礙哈利成功的因素找出來以後，我們商定了一個四步驟計畫來擴展他自己設下的限制。首先，哈利寫下截至目前為止他這一生的**成就史**，年輕的職業生涯中無數次勝利條列在眼前，很明顯沒有證據支持他的懷疑和恐懼，他沒有理由擔心自己不夠資格對付他的對手。

第二步，我們一起完成了我稱之為**「理想圖」的練習**，也就是假設一切順利可能發生的最好圖像。哈利看到自己在這張圖的正中央，球打得強悍自信，贏得了大型錦標賽，拿到獎盃，與教練和家人一起慶祝。這個願景讓哈利熱血沸騰，重新點燃了他的熱情。

接下來，我鼓勵哈利**找一個「信心夥伴」**，可以是家庭成員或親密的朋友，一個不斷敦促他向前向上追求更好事物的夥伴。哈利選擇了他的母親，她在每場比賽陪伴著他，每當自我懷疑和消極的自我對話爬上心頭時，母親都是他的頭號啦啦隊長。

最後第四步行動是不斷追問**「下一步是什麼？」**來建立成就動力。我告訴哈利和他母親游泳冠軍亞當．比提的故事。亞當贏得他的第一個歐洲冠軍幾分鐘後，在泳池邊接受採訪，被問到他現在在想什麼時，亞當回答：「下一步是什麼？」後來他以五十七點一秒的成績獲得奧運百米蛙式金牌（編按：二〇一六年里約奧運），亞當立即宣布接下來將是五六計畫，也就是成為第一個在百米蛙式游進五十六秒的選手。亞當在三年後實現了這個目標（編按：二〇一九年世界游泳錦標賽男子一百公尺蛙式準決賽，以五十六秒八八再破世界紀錄），展現了「下一步是什麼？」這種心態的力量。

哈利帶著熱忱實行了四步驟計畫，拋開了之前自我強加的限制。慢慢的，一個新的哈利出現了，他的表現開始展現出越來越強的韌性和抱負，不過還需要一些耐心等待他身心完全成熟。

你看待自己的方式
創造了你的實際情況。

行動要訣

- 不要給自己設限——你一定能取得更多成就。
- 列出你個人的成功事跡，無論大小。
- 描繪你的「理想圖」，可能發生的最好情況是什麼？
- 尋找一個信心夥伴，一個對你有信心並且激勵你變得更好的親密夥伴。
- 培養「下一步是什麼？」的態度，建立成就動力。

05

態度決定你的表現
你今天的態度如何？

經常有人問我，在我漫長的職業生涯中，共事過最傑出的運動員是誰？足球員有羅伊・基恩（Roy Keane）、杰米・卡拉格（Jamie Carragher）、史蒂芬・傑拉德（Steven Gerrard）（還有第2課開頭故事中的戴倫），英式橄欖球運動員有歐文・法雷爾（Owen Farrell）和本・揚斯（Ben Youngs），以及奧運游將亞當・比提，除此之外，還有一位年僅十多歲的利物浦少女雅思敏，她以身為足球校隊的隊長為榮。

我第一次聽說雅思敏，是因為她們隊進入了利物浦校際盃決賽，將在利物浦足球俱樂部主場安菲爾德球場舉行比賽。由於所有學校決賽在同一天，所以這群女孩要在以往從來不曾見識過的大批觀眾面前比賽。儘管整個團隊非常緊張，但雅思敏帶她們打到了終場一比一的分數。

比賽平手，所以裁判叫來了兩隊隊長，表示大家都很累了，現在讓她們選擇，看是要分享獎盃由二隊分別持有六個月，或進入加時賽。兩位隊長都諮詢了團隊的意見，雅思敏的隊友堅定表示已經受夠了，願意分享獎盃。當兩位隊長回來匯報時，另一位隊長說她們願意分享，但雅思敏卻要求加時賽。雅思敏回到她的團隊並且告訴她們，對手想要加時賽。

加時賽結束時，分數依舊是一比一，裁判再次向雙方隊長提出建議：這次是分享獎杯，或踢十二碼球ＰＫ。雅思敏的團隊再次投票決定分享，尤其是守門員，她無法在一大群人面前承擔這麼大的責任。這一次對方的隊長還是要求分享獎盃，而你或許已經猜到，雅思敏再次拒絕，說她們隊想要ＰＫ戰。

雅思敏向她的團隊報告另一位隊長要求進行ＰＫ戰，然後她第一個上場踢球。進球後，她沒有慶祝，而是立刻跑到她們隊的守門員那裡，換穿守門員的球衣接替她的位置，守下了三次射門，最終贏得了比賽。

當地媒體問她為什麼如此竭盡全力去贏球，她回答：「足球是我一直以來的夢想，但我只夢想贏球，從不分享。」這個故事更引人注目的是，對手的領隊老師稱讚雅思敏是一位了不起的年輕領袖，同時還說這很令人驚訝，因為雅思敏可能是場上球技最差的球員之一。

我問我家附近的一群年輕中學生，從雅思敏的故事可以學到什麼？一個聰穎的女孩回答：「不要用缺乏天賦當成藉口。保持正確的態度，盡自己所能拿出最佳表現。」表現的基石是才華和態度，優越的才華加上優越的態度，幾乎能保證優越的表現。不過呢，有才華但態度差的人結果往往令人失望，不一定能有成功的表現。

我職業生涯中的一大樂趣，就是鼓勵像雅思敏這樣才華有限但態度絕佳的人。杰米．卡拉格對自己的天賦評等是B，他的個子不夠大、速度不夠、技巧不夠。然而他的態度評分是A+，並且在態度的力量推動下，為利物浦隊踢了五百多場比賽，為英格蘭隊踢了五十多場比賽。

才華不夠傑出往往還是能成功，但是態度不夠絕不可能成功。表現始於頭腦，成功者與不成功者的思維方式不同。一旦你的態度正確，良好的表現就更有可能隨之而來，好消息是，**雖然提高才能可能很困難並且需要時間，但你可以在任何時候選擇顯著提升你的態度**。

任何領域的優異表現都不可避免意味著離開你的舒適區，勇敢面對高期望值、壓力、一些失敗、超負荷、不確定性，可能還有一些人際關係上的壓力。僅靠才華無法解決這些問題，積極的態度才能提供精神力量去克服這些困難。除了雅思敏之外，在我傑出名單上的大多數運動員都結合了高超的天賦和偉大的態度。年輕的雅思敏和杰米·卡拉格一樣，純粹憑藉熱情和堅持的力量，最大化了自己的能力。

在某個賽季初，我接到了克里斯的緊急求救電話，他是一位非常有才華的職業足球員，遇到了嚴重的個人危機。我們見面時，他哀嘆自己的處境：受傷、離開球隊、教練不喜歡他、媒體批評他等等。

這個例子非常清楚展現出態度和表現之間的連結。當克里斯開始遇到一些表現方面的問題並因此失去信心，他的態度下降至一個負面循環，問題被不成比例地放大。進一步的討論證實了他否認現實的態度：

- 掩蓋錯誤；
- 逃避與教練交談；
- 把錯推到別人頭上；
- 不肯用盡全力嘗試；
- 不肯面對事實；
- 設定不切實際的目標。

我的工作有一個很重要的角色就是當那個「說真話的人」，此時克里斯需要的正是直言不諱，幫助他做好準備改變態度，為自己的處境承擔責任。我們首先幫助克里斯從狹隘的個人觀點轉移到更大的視野，認清楚他並不是突然變成一個糟糕的球員，而是一名正經歷低谷的好球員。

他承認前一段時間他沒有像往常一樣投入那麼多精力和注意力去練習，這一點需要改善，他會實現一些小目標，然而即使如此，重返一軍的大目標還是遙遙

你的態度
決定了表現。

無期。最後，克里斯承認消極的自我對話正在傷害他自己，他必須對自己控制情勢的能力抱持更積極的態度。

克里斯之前一直聚焦於他無法控制的事情，做出受害者的思維選擇，而他的表現反映了這種態度。後來他改變了想法，聚焦於他可以控制的事情，做出更積極的選擇，努力重返一軍，而這一切都源自態度的改變。態度決定了表現。

行動要訣

- 每天檢查自己的態度——記住，是你選擇了你的態度。
- 如果你有不好的感覺，請改變你的想法。
- 在生活中找一個「說真話的人」幫助你面對現實。
- 用積極的自我對話強化正確的態度。

06

你是自己最大的對手
別擋住自己的路

我在美國參加一個運動心理學研討會的時候，坐我旁邊的一位美國教授告訴我，他可以在一個小時內傳授運動心理學的精髓。他描述了他如何向新學生介紹頭腦對表現的重要性：學生在第一堂課被要求帶著運動鞋到體育館報到，集合地點有一條平衡木，長約三公尺半，寬約十公分，距離地面的高度可以調整。學生們感到相當不安，或者也可以說是出乎意料，因為那天是他們彼此第一次碰面。

教授告訴學生，他給他們的挑戰是走過這條離地高度約六十公分的平衡木，這個任務並不難。走上平衡木之前，教授讓學生寫下他們腦海中的問題。其中有些人比其他人更有信心，但每個人都成功走過了平衡木。教授沒有評論，然後將平衡木拉高到離地一百二十公分，挑戰變難了。這一次學生同樣必須檢視腦海中閃過的問題。在這個階段，有四個學生選擇退出，其餘學生完成了任務。最後，教授把平衡木拉高到離地面一百八十公分，在審視了他們的心態後，只有六名學生接受挑戰並且成功完成。

經過這場不尋常環境中的表現挑戰後，學生們接下來的任務是合作討論，在面對越來越高的平衡木時，影響他們決策的最常見問題有哪些？他們報告有五個關鍵問題：

1. 我想做這件事嗎？
2. 我能做到嗎？
3. 別人對我有什麼期望？
4. 失敗了會怎樣？
5. 成功了會怎樣？

教授解釋說，表現成功的關鍵是個人能否用積極的態度回答這些問題，從而允許他們做出表現。如果沒有積極的態度，你的頭腦就不會接受挑戰，會選擇退出。那些學生如果願意嘗試走更高的平衡木，很可能會成功，但是懷疑和恐懼擋住了他們的路，阻礙他們接受挑戰。在這一堂課中，教授用平衡木挑戰教學生領悟：**所有的表現都始於心智**。

年輕的凱蒂和她的母親來找我時，我立刻想到了上面的故事。凱蒂是一個有天分的籃網球（netball）運動員，她非常渴望獲得成就，但並不享受這個過程。她的母親開始擔心凱蒂的心理和情緒健康，因為最近在一場重要的聯盟賽事後，她哭著跑離球場，滿心確信她讓自己和團隊失望了。凱蒂告訴媽媽，她的表現很糟糕，其他隊員打得比她好很多，她覺得很丟臉，不想再繼續下去了。然而，當她的母親與教練聯繫時，教練卻滿口誇讚凱蒂表現得有多好。

見到凱蒂時，我印象深刻：她聰明開朗，善於表達，可是在她心中有一道強烈的批評聲音，不斷質疑她的表現。改變凱蒂心態的第一步，就是檢查她的表現概況，要她給自己打分數，評估身體、技巧、戰術、心理、情感和生活方式這些方面的優勢（滿分十分），結果呈現出的圖像是一位有能力而且認真的年輕運動員，在精神和情感方面的得分很低。然後我讓她選出最能描述她這個人的六個詞彙，以及最能描述她做為籃網球運動員的六個詞彙。再一次，我們看到了一個堅強自信的人，在評估自己的表現時顯露出非常焦慮的心態。

面臨挑戰時，頭腦首先運轉起來。在凱蒂的腦袋裡，那場關鍵比賽中的幾個錯誤掩蓋了她在比賽中的所有亮點。她認為教練以及其他所有球員會記住那些錯誤，她讓自己的思緒停留在負面因素，覺得自己沒有達到自己的高標準。

因為專注於負面因素，所以她自己擋住了自己的路。（稍後會在第8課回頭談論這個主題，分享不要總是力求完美表現的好處）。**負面消極的心態隨著一個又一個錯誤不斷放大**，因為擔心其他人對她的看法而更加惡化。信心消散了，未來會失敗的恐懼橫亙在她腦海最明顯的地方。

凱蒂和我詳細討論了在美國教授課堂上學生面對的問題，隨著時間過去，我們慢慢消除了她對失敗的恐懼。我們根據實際表現和受敬重的教練評語，比對她對自己表現的看法，她開始明白恐懼（FEAR）可能源自以假亂真（False Evidence Appearing Real）！

我們練習用一些技巧提高她的信心和自尊，她最喜歡的練習是「觸發卡」，在卡片上列出描述她最佳表現的詞彙和短句。我稱之為「觸發卡」是為了強調可以用這張卡片做為開關，從消極想法轉變為積極。凱蒂的個人觸發卡上寫著：

我值得站上球場。
今天是我大展身手的日子。
我心情輕鬆，做好準備。
我的第一次接球和傳球會很棒。
犯錯嚇不倒我。
我不想身處其他任何地方。
我會讓今天成為屬於我的一天。

每次練習和比賽前，凱蒂都會讀這張卡片（把卡片貼在浴室的鏡子上是個好

找到並且堅持
積極的態度，
而不是在消極中糾結。

主意），慢慢把上場表現的心態從焦慮轉變為積極。停止妨礙自己之後，她開始放鬆，享受打籃網球，喜愛她在球隊中的角色。日趨成熟的精神力讓她的才華得以蓬勃發展。

在運動和生活中，我們很容易相信我們面臨的挑戰完全超出我們的控制，但**其實通常是與自己的對戰**——軟弱的你與堅強的你對戰，消極的心態戰勝了積極的心態。我輔導的案主中有很大一部分以某種方式自己擋了自己的路，解決辦法是找到並且堅持積極的態度，而不是在消極中糾結。這恰好是接下來第7課要探討的主題。

行動要訣

如何避免擋住自己的路

面對看似太過困難的新挑戰時，先問問自己：「我自己是最大的阻礙嗎？」用下面五個問題自我檢查：

1. 我想做這件事嗎？
2. 我能做到嗎？
3. 別人對我有什麼期望？
4. 失敗了會怎樣？
5. 成功了會怎樣？

製作自己的觸發卡，寫上最能描述你的話。

把觸發卡放在隨時能看到的地方，這樣可以經常用來使你的心態從消極轉變為積極。

07

保持積極樂觀
為自己加油

我們常常對頂尖運動員懷有敬畏之心，但形象往往會騙人。他們是平凡的人做著非凡的事，其中大多數與我們一樣承受著同樣的懷疑和恐懼。

坐在我面前的橄欖球員身材魁梧，但顯然受到焦慮的擺布。這個星期初，他得知他將在特威克納姆球場為英格蘭國家橄欖球隊打第一場比賽，現場有八萬名觀眾以及國家電視台轉播。這個年輕人來找我傾吐他的焦慮，我知道我的工作是防止他成為焦慮的受害者，讓他抱持鬥士的心態上場。

我發現儘管傑夫無疑是個非常聰明的年輕人，但不太會用言語表達他的恐懼。言語有巨大的力量，無法表達感受使他難以順暢溝通，因此我沒辦法給予他正確的支持。我要他把自己的感受寫在紙上。

比賽前一天晚上，他帶著寫下來的東西來找我。當他把這些東西讀出來時，立刻浮現一件很明顯的事：重複使用「壓力」這個非常強大的消極詞彙。傑夫唸出來的內容多次強調他的壓力有多大，想到要上場打球、想到萬一辜負其他人對他的期望，就感到壓力山大。

有人說自信是我們告訴自己的自我看法。傑夫的自我對話，也就是在腦袋裡與自己的對話非常消極，因此正在摧毀他的信心。在那個星期中，我一再提醒他在橄欖球場上的成績，是多麼配得上這次在國家級比賽中大放異彩的機會，可是他內心批判的聲音仍然在削弱他的力量。除非這種情況改變，否則他無法從恐懼中解脫出來。他必須體會壓力可以轉化為積極的力量，驅策我們做到最好。

消極的自我對話是體育界的一個難題，運動員常追求不可能達到的完美程度，不斷感受到失敗的恐懼。語言決定了我們的感受，我們腦中的批評聲音會帶來使人沉重無力的情緒：自我懷疑、無助、困惑、恐懼等。

然而積極的自我對話可以創造使人充滿力量的情緒，例如興奮、自信、幹勁和堅持不懈。有些人認為，歐巴馬之所以能夠當選美國總統，就是憑藉「我能」和「我們將會」的力量。

我從傑夫手中接過那張紙，**把上面的「壓力」改成「祝福」**，然後請他再讀一遍關於他焦慮的描述。改了一個詞就造成巨幅差異，他朗讀的方式和由此產生的心態轉變都與之前截然不同。消極的語言被積極的自我對話所取代，而且由於想法決定了感受，因此他得到力量為自己加油打氣，做自己的啦啦隊長。

我可以看到他的變化，微笑的方式還有肢體語言都變了。「祝福」這個詞成為他的啟動信號，在信心低落的時候啟動心態的改變。他帶著微笑離去，留下一句：「我能做到。」

隨著信心適度增強，傑夫抓住了機會發光發熱，打出了一場出色的比賽，後來在橄欖球領域建立了成功的職業生涯，多次為英格蘭隊效力。

有時候我們會苛責自己，每個人都可能有慣用的負面詞彙（我愛用的是「沒用啦」），但這是在浪費時間和精力，無助於解決問題。如果我們學會**把消極的字眼改成積極，專注於自己的優勢而不是弱點**，我們會變得更好、更有效率許多。曾經有個巧妙的電視廣告讓使用特定品牌化妝品的女性大聲宣告：「因為我值得！」

另一個很好的例子，是英格蘭女子足球代表隊在一次練習中，把消極思想

做自己的
啦啦隊長。

改造為積極思想，增強了自信心。當時球隊很焦慮，氣氛低迷，當她們被要求把一系列消極想法轉化為堅定、積極的想法時，花了一些時間思考最後一個問題：「為什麼你在足球場上不應該害怕？」她們終於想出了一個很棒的答案：「因為我們會是球場上最強悍、最凶狠的壞女人！」

你可以開始重新訓練你的心智，留心注意在哪些生活情境中你傾向變得消極，然後問問自己：為什麼？常見的原因包括憤怒、疲勞、無聊、沮喪和絕望。透過評估情況和控制你的反應，你可以學會擺脫這些負面情緒。

關鍵是選擇積極實際的自我對話，使用能夠給你力量、產生能量的詞語，為自己加油打氣。

行動要訣

- 更加自信地使用「我能」、「我們將會」這類積極正面的詞語。
- 為其他人加油打氣，這會提高你的士氣。
- 多和那些讓你對自己感覺更積極的人在一起。

08

提高底線
用精益求精取代追求完美

我見過最悲傷的景象之一，是看到年輕的足球員艾瑪獨自坐在更衣室裡，而她的隊友則在樓上的酒吧慶祝一場精彩的勝利。我之前就開始擔心艾瑪這個年輕有才華但非常焦慮的球員，怕她憂鬱症發作。我注意到她缺席了慶祝活動，一個人在筆記型電腦上看比賽重播，每次一犯錯就咒罵自己。她的每一個小錯誤都變成了一場大災難。

我委婉告訴她，場上每個球員都會犯錯，身為球隊的一員應該參加慶祝。在寂靜的更衣室裡，艾瑪第一次吐露了她的脆弱。

她在成長過程中被期望成為一名頂尖足球員，被期望遵循家族的傳統。雖然她知道這不是真的，但她覺得她必須表現好才會被愛，如果表現不好就可能不會被愛。這導致她設立了非常高的個人目標（部分是為了取悅他人），追求完美。艾瑪坦承，沒有達到目標時，她會感到內疚羞愧，對自己非常生氣。我說服艾瑪去找隊友會合，並且安排第二天與她面談。

完美主義不是一種行為，而是一種自我思考方式，在這種思考方式中，消極的聲音很容易蓋過積極的聲音。我必須幫助艾瑪用更溫和也更貼近現實的聲音像是「我所能做的就是盡力而為」，代替她內心批判的聲音。她需要停止歪曲自己的故事，把完美主義視為一個需要解決的問題，學會擺脫對失敗的恐懼，原諒自己的錯誤，並且停止對其他人的意見反應過度。

我們首先討論了失敗的影響以及她是否可以應對。艾瑪害怕的並不是最初猜想的輸掉比賽，而是環繞著更私人的問題。她非常擔心犯下重大錯誤，擔心丟臉尷尬、被批評、讓別人失望。她需要認識到，愛她的人不管她表現如何都會在她身邊。把她的恐懼攤在檯面上，這是幫助艾瑪降低災難感找回自信的第一步，即使感覺不好，她還是咬牙撐了過去。

然後我讓艾瑪觀看她直接參與比賽部分的剪輯影片，這次重點放在她對團隊的正面貢獻，用這種方式讓她看清楚自己的表現全貌。我們逐漸消除了她對犯錯的下意識情緒反應，取而代之的是對成功的另一套定義，允許自己因為對團隊的積極貢獻感到自豪，原諒自己偶爾犯錯，對成功建構出一套更合理的認知。

為了支持新的觀點，我在白板紙上畫了三條線，最上面的線代表完美的一百分。我請艾瑪為她最好的表現打分數，她回答九十分，所以中間這條線是九十分。下一個問題是她最差表現的分數，她搖搖頭回答「六十分」。所以這三條線看起來是這樣的：

六十分的表現通常發生在比賽開始沒多久就犯錯的情境，艾瑪知道這場比賽不可能完美了，於是犯下第一個錯後接著又跟著更多錯。

九十到六十分的變化可能嚴重拖累球隊的表現。艾瑪理解這一點，同意轉移重心，從力求一百分（這是一個值得追求的目標，但也是充滿挫折的艱困挑戰）

轉為追求縮小六十到九十分的差距。這個目標更容易實現，對她和團隊都有利。

我強調，改變她的標準並不意味著沒有標準，而是要有更現實的標準。**錯誤應被視為珍貴的學習機會，而不是苛責自己的藉口**。把焦點放在「提高底線」以後，壓力和焦慮迅速減少，表現的穩定度大幅改善。

與此並行的是必須減少艾瑪仰賴外部驗證來建立自我價值。她往往根據觀眾席的反應以及轉播員和社群媒體的評論，來決定對自己的表現是否滿意。**受到大眾矚目的成功運動員會意識到他人的意見，但真正重要的是他們對自己的看法，他們按照自己的標準盡力而為**。

我告訴艾瑪吉姆．蓋曼（Jim Guymon）的故事，他是在英國最厲害的美國籃球運動員之一，表現經常接近完美。在他第一個賽季末的決賽中，吉姆有機會在最後幾秒為球隊贏得比賽，因為對手犯規所以吉姆可以罰球兩次，每球一分，得一分就能進入延長賽，得二分就能贏。令所有人跌破眼鏡的是，兩次都沒有命中。吉姆在賽後立即接受電視採訪，說：「運動就像在生活中一樣，有時候你是英雄，有時候你是狗熊。今天我成了狗熊，明天我將成為英雄。」

吉姆的球隊次年贏得了獎盃，吉姆毫無懸念是那場比賽的最佳球員。

一旦艾瑪學會平息她內心批判的聲音，學會對自己更友善，相信自己的自我評價，她開始真正享受而不是忍受踢足球，從很強變得更強。

在高水準競技活動中，追求完美是終極的內在動力。完美雖然令人嚮往，但在大多數情況下是無法實現的，無論表現有多好，都將持續與不完美的挫敗感鬥爭。我向艾瑪介紹了精益求精的概念，保留追求實現目標的強烈渴望，同時避免因為不完美而受挫。

精益求精是承認自己的表現可能犯錯或退步，但為自己不斷努力達到最佳狀態而感到自豪。簡而言之，努力成為最好的自己（無論是做為員工、合作夥伴、朋友或隊友），能確保你始終如一地站在高點或維持水準，贏得其他人的信任。你能否像艾瑪一樣，擁抱精益求精的概念，致力於提高底線而不是追求完美？

致力於提高底線
而不是追求完美。

行動要訣

- 不要一味追求完美——列出更現實的目標。
- 面對錯誤，學習並繼續前進。
- 設定自己的標準，以持續改進為目標，日益提高自己的標準。

09

成功是一系列的小步驟
打造完成清單的階梯

我聽到埃文的名字，是在足球隊總教練帶著這個年輕球員來找我之前，他在身體、技巧和戰術方面高於平均水準，但是態度和行為卻明顯低於平均。大致而言埃文是個不錯的年輕人，不過他正在努力擺脫生長背景根深柢固養成的壞習慣。他並非刻意搞怪，只是迄今為止的生活沒有讓他做好準備，是典型的「不知為不知」案例。

總教練已經準備放棄他，最後的孤注一擲是把埃文交給我，發出了三個星期的最後通牒，如果埃文不改變就得離開。這是一環套一環的三重任務：改變埃文的心態，從而激發他的動力，促使他建立更好的新行為習慣。

我要埃文確定的第一件事就是他想要什麼，也就是奮鬥的理由或動機，為什麼他想贏，為什麼他想踢足球，為什麼他每天早上要起床。他強烈想要成為職業球員，也知道這是他最後的機會，所以他同意必須改變。問題是他必須做出的改變非常大，大到很難想像也很難實行。

我們很容易想要一口氣翻轉一切，但其實耐心才是關鍵。**翻天覆地的大改**

變往往只能堅持一小段時間，不如多花些時間逐步實施可以長期持續堅守的小變化，這種做法更能持久。

所以在總教練開出的二十一天期限內，我和埃文**每天做一個可以做到的小行動**。球員必須在上午十點半之前在球場上準備好開始訓練，但是這對原本習慣「壓線趕到」的埃文來說很有難度，他往往是最後一個抵達的球員。

第一天，埃文要改變的行為是準時，我給他的簡單指令是不遲於上午九點半到達，並且明確表示如果他做不到就會被送回總教練那兒。隔天早上埃文在九點半到達球場，做好了充分的準備，在訓練中表現良好。當天下午，我告訴埃文下一個可以做到的行動：理髮！我跟他解釋，外表整理好，就會感覺很好，表現也更好。

第二天埃文到得更早，理了個清爽的髮型。第三天早上，他不但早到，看起來很清爽，而且開始跟遇到的所有人握手道早安。到這個階段，埃文改變的行為引發了周圍的人正面的反應。

的運動員鋪出康莊大道。她的信心和魄力飆升，開始在籃球場上展示出她毋庸置疑的天賦。

生活有時必須改變，但我們都明白改變可能非常困難，尤其是改變我們自己的行為。如果把計畫切分成一小步一小步朝著最終目標邁進，會更容易實現。你可以把這個過程想像成「一格一格打勾往上爬的階梯」，累積相對容易的小成就，從而建立信心，堅持到底完成改變。

做計畫的方法是從終點往回推，問自己到什麼地步算是成功，然後拆解出實現目標的必要步驟，訂定可以做到的小行動。**每向前邁出一步，就可以打個勾，表示你又離最終目標更近了一步**。只要按部就班執行計畫，那麼你就會像埃文和珍妮一樣，為自己創造出最大的成功機會。

把計畫切分成
一小步一小步，
朝著最終目標邁進。

行動要訣

- 確定你要的成功是什麼樣子。
- 規畫一系列小步驟以實現目標。
- 專注於一步一步地實現每一步。
- 每走一步打個勾，拍拍自己表示鼓勵。

10

關鍵時刻主動出擊
成敗就在一念之間

幾年前，我兒子建議我寫下人生故事。當我回溯這些年時，大多數時候是穩定的循序漸進：念書、求職、享受運動、組建家庭等等。然而，我意識到大概有十來個關鍵時刻對我的人生產生極大影響，對於那些表現不夠好的時刻我深感遺憾，幸好我把握住機會的時刻夠多，成功塑造了我的未來。

成為運動心理學家並非我的初衷，一開始我是籃球員，然後一面教書一面指導一支國聯球隊，對這樣的生活很滿意。我在擔任英格蘭男子籃球隊教練時漸漸察覺到心理學的力量，而改變我一切的關鍵時刻發生在紐西蘭基督城的一個晚上，當時我們英格蘭隊在大英國協運動會準決賽對上地主隊，英格蘭隊從未贏過籃球獎牌，那天晚上如果得勝打進決賽，就能保證獲得銀牌或金牌（不會頒發銅牌），所以這對我們來說是一個非常重要的時刻。

比賽還剩二十秒時，我們落後紐西蘭一分，球權在我們手上，有機會投進最後一球贏得勝利。隊員們按照沙盤推演準備把球傳給我們最好的射手布萊恩，指望他來個「驚天一射」扭轉乾坤。一切進行順利，時間一秒一秒流逝，布萊恩站在射程範圍內，球在他手上。激動的紐西蘭地主球迷紛紛起立，布萊恩卻震驚了我們所有人。他沒有投籃，而是把球傳給了隊友。我和同隊的其餘工作人員和球員全都驚呆了，看著那個驚訝的隊員艱難地投籃。球沒進，被一名紐西蘭球員搶到籃板。然後我們的隊長以驚人速度回過神來，把搶到籃板的球員逼出界。我們隊在比賽還剩五秒時搶回了球權。

我立刻喊暫停，為了這種情況我特地保留了暫停的機會。我面前的球員當中有三個人不敢對上我的目光，這個時候高個子長頭髮的東尼上前摟著我，這名姿態輕鬆的球員在這場比賽中射籃十一次只得了二分，他告訴我這是他夢想的一刻，說我可以信任他。我做出了決定，安排用一個簡單的傳球讓東尼投最後一球。比賽還剩兩秒時，東尼一記驚豔絕倫的遠射得分，我們晉級決賽並且贏得了金牌！

準決賽的那二十秒讓我領會到，在壓力之下精神力量對表現有多麼重要：布萊恩在投籃時「熄火」，我們的隊長永不放棄奪回了球，東尼承擔責任並取得勝利。我曾經像許多教練一樣迷信天賦，沒有充分體認到雖然一定程度的天賦很重要，但是使天賦成功發揮出來的思想力量也很重要。隊長和東尼在比賽的關鍵時刻主動出擊，定義了那一刻，布萊恩則是被那一刻定義。

第二天我和布萊恩碰面，進行了一場深入的談話。他是一個討喜的年輕人，也是一個非常有才華的運動員，只不過精神力量有個缺陷。我們討論了他決定不投最後一球背後的恐懼，他的解釋是期望、後果、紐西蘭主場觀眾和媒體在一旁虎視眈眈，這些全部加起來的壓力對他來說太過了，他的精神力量承受不了。運動中真正的勇敢，就是在比賽懸於一線時想要拿到球。

誠然，布萊恩把焦點放在無法控制的東西，他需要幫助，改為專注於他能控制的東西。我們討論了他在類似情況的經歷、他所做的準備工作細節、出色的投籃紀錄以及隊友和教練對他的信心。

然而，真正的關鍵在於他要明白，偶爾的失敗是接受挑戰的代價，而對於頂尖運動員來說，**關鍵時刻能夠主動出擊，絕對勝過被動等待，被結果定義**。我們

偶爾的失敗
是接受挑戰的代價。

討論了如何從這類失誤中恢復的策略，然後在談話結尾我提醒布萊恩，隔天晚上我們要為金牌而戰，萬一最後需要投決勝球，我希望他願意站出來。後來英格蘭隊領先不少分數獲勝，這個萬一的情況並沒有發生。

在許多運動中，最後一球的情境對球員來說是一個永恆的挑戰。最挑戰精神和情緒力量的時刻，大概莫過於賽末ＰＫ戰。我常講給運動員聽的一個例子是二〇一六年里約奧運女子曲棍球決賽，英國在正規時間內以三比三戰平，然後在驚心動魄的ＰＫ賽中以二比〇擊敗衛冕冠軍荷蘭隊。荷莉・韋伯（Hollie Pearne-Webb）打進了英國隊至關重要的最後一球，定義了這一刻，後來她在媒體上回想她的內心狀態：「我提醒自己我可以做到。我一直回憶以前做到了很多次。我慢慢走上前，擺出一切在控制中的樣子，看起來盡可能自信，站得直挺挺的。最後，我看著守門員的眼睛。」

簡單的想法和行動，但卻向她自己和守門員發送出非常強大的訊息：「看我的！」

行動要訣

編寫自己的人生故事時，你想成為什麼樣的人、過什麼樣的生活？總有一些時刻你會受到挑戰，別讓這些時刻留下「本來應該」、「原本可以」、「早知道」的記憶，在事後才追悔不已。

- 辨識這樣的時刻。
- 承擔責任。
- 主動出擊掌握情況，而不是等著被定義。
- 接受成長的代價是有時候可能會失敗。

11

聚焦於過程
讓勝利來找你

我在家看新聞，看到記者採訪一位剛獲得二面奧運金牌的年輕女選手，指著她脖子上掛著的兩枚金牌評論說，她追逐金牌得到了回報。運動員馬上回說她沒有追逐任何獎牌，而是多年來每天訓練六個小時，然後獎牌自己來找她。記者接著稱讚她的犧牲，她堅持表示沒有什麼犧牲，她選擇了每天訓練六個小時。她的回答堪稱冠軍心態的典範。

當時我正在輔導史蒂夫，他是一個拚命想要成為冠軍的年輕游泳運動員，在職業生涯早期取得了一些成就，品嘗到隨之而來的知名度，並且樂在其中。他絕對有天賦也有能力可以努力成為冠軍，但是越接近任何比賽，他就越失去情緒控制和紀律。與前面那個接受採訪的金牌運動員相反，他開始追逐勝利，失去了對基本功的注意和控制，也就是能夠帶來成功的每日準備工作。

贏得勝利和得到認可的渴望支配了史蒂夫的心態，以致於失焦無法把注意力放在當下、活在當下，沒辦法專心有效地訓練。他的目光鎖定在他無法控制的結果，因此浪費了時間和精力，破壞了他自己想成為冠軍的目標。

史蒂夫的目標是贏得勝利，但他需要學會在立定志向之後先把目標放在一旁，轉為專注於他可以控制的準備工作各個方面。我必須讓史蒂夫明白，運動員要得到真正的認可，需要長時間的努力。

我跟他分享了我在曼聯工作的第一個星期，第一天觀看球隊訓練時，我立刻注意到這支隊伍的承諾、專注程度和強度比我以前見過的任何隊伍都要高。第二天我學到了另一課，天氣非常糟糕，但是在練習開始前更衣室傳來響亮的口號：「下雨的星期二早上，大家上啊！」儘管天氣很差，但是練習的熱情不受半點影響，後來隊長解釋說，不管天氣怎麼樣，**冠軍每天都要像冠軍那樣訓練**，沒有任何藉口！等到星期六比賽時，球員們完全放鬆，隊長肯定大家的努力成果：「我們星期一到星期五拚命訓練，所以星期六可以好好享受比賽。」

史蒂夫開始明白，**光是夢想勝利對他沒有益處，除非把夢想轉化為每天的積極行動**。為了幫助他實現並且保持每天的動力，我們決定每天晚上寫下六個行動，是他承諾會在第二天實現的。

養成習慣後得到了良好的效果，史蒂夫漸漸開始把握日常機會，培養未來冠軍的心態，他的心態改變了，從聚焦於牽動情緒的結果，轉變為專注於每一天變得更優秀的過程。到最後史蒂夫能夠**把心留在此時此刻，而不是埋頭衝向勝利，所以有能力應付頂尖競爭的壓力**。令人開心的是，史蒂夫終於實現了他所尋求的成功。

每次接近足球和橄欖球賽季的高潮時，運動心理學家就在等著接聽球隊教練的電話。對於這些處在成敗關頭的球隊來說，這是決定性的時刻，教練奮力控制球員的心態，球隊裡裡外外談論的主題是可能的結果，如果任其繼續發展，那麼對準備過程的關注就會減少。

正如唐恩．珀特（Dawn Peart）這位經驗豐富的老牌英國游泳隊總教練曾經告訴我的那樣：「大多數人希望參與結果而不是過程。然而，正是在過程中才能看出誰值得留到結果。」

我曾經接過這樣的一通電話，是來自足球聯賽球隊的總教練，過去兩個賽季

»

專注於每一天
變得更優秀的過程。

»

率領球隊在積分榜上殺入最後階段，卻後繼乏力錯失晉級。第三個賽季球隊發現處境類似，美妙的成功擺在眼前，再次開始影響了他們的心態。

我的任務是協助改變談論的主題，確保隊員專注於日常訓練。我問隊員哪一項運動的參與者看不到終點線，大家同意答案是划船，並討論了這會產生什麼影響。顯然，划船選手只能專注於每次划水的品質，維持整個過程的水準，致力於以強勁的成績完成比賽。

球隊理解了我要傳達的訊息，開始專注於日常練習的品質，不再一頭熱只想著晉級，後來終於實現了他們的抱負。

行動要訣

設定可以激勵你超越自我的目標是件好事，但不能因此分散注意力，無法專注於培養技能以實現目標的過程。想要得到成就是件好事，但這只是一種願望，你必須把意圖轉化為行動，每一天都努力變得更好。

- 暫時「放下」目標，聚焦於現在。
- 列出每天要完成的幾項行動。
- 盡可能做好這些任務。

確實執行以上行動要訣，你會驚喜地發現，勝利常常自動來找你。

對於賽場上的頂尖運動員來說，有些壓力在所難免，情緒控制可能成為致勝關鍵。諾瓦克．喬科維奇（Novak Djokovic）在溫布頓網球錦標賽證明了這一點，他在最後一刻被迫不戴帽子參賽，因為檢查人員說不符合服裝規定，儘管這位世界排名第一的球王在前一場比賽戴著同一頂帽子。在這種情況下，喬科維奇有可能失控，然而他的反應是：「就是接受它，處理它。」他保持自我控制，拿下了那一年的男單冠軍。

年輕運動員常見的一個問題是沒有控制好情緒，反而讓情緒控制行為。班恩是一位非常有前途的年輕高爾夫選手，但是他常在比賽後段崩盤。我陪他走完全場觀察他的表現，注意到他的態度常會在第九洞附近變得惡劣。我們討論了他的想法和感受，才凸顯了這種負面的惡性循環：大約在第九洞時，班恩根據目前的分數初步推估最終分數，如果分數不如預期，負面情緒就會浮現，削弱他在剩餘賽程中的表現。

一旦確認了問題所在，我們就能一起努力尋找解決方案。後來班恩會在第九洞結束時休息一下，吃點東西增加能量，喝水補充水分，並且重新調整心態，期許下半場比上半場打得更好。事實證明這個策略非常有效，幫助他在第九洞之後暫時把得分拋在腦後，帶著嶄新的希望和活力開始打後面的九洞，帶來更好、更穩定的表現。

建立情緒控制的第一步，就是檢查可能造成壓力的潛在條件。我教運動員用縮寫為「HATED」的五個條件自我檢查：

H：Hungry 肚子餓

A：Angry 生氣（或 Alcohol 酒精）

T：Tired 疲累

E：Emotional 情緒化

D：Dehydrated 脫水

這五個當中任何一個條件都可能導致你更容易失去控制，為隨後做出的行為而悔恨。照顧好這些基本因素，在面對艱困的情境時就更有可能掌控你的思想和情緒。下一步是制定因應策略，使用符合你的特定背景的策略。

讓我用幾年前的一個例子來說明。有個國家青年足球隊的總教練向我求助，希望把潛在風險降至最低：這支球隊要出國參加歐洲冠軍盃，地主國的足球支持群眾在當時是出名的種族歧視臭嘴，而我們預定的先發陣容有三名黑人球員。

從純足球的角度看來，我們贏得比賽應該沒有問題，但如果不能處理觀眾辱罵吵鬧所產生的情緒壓力，我們很可能會輸。我們擬定了一個降低風險的策略，避免失去冷靜讓對手獲得優勢，同時幫助我們的球員增強能力，確保整個團隊盡可能做好情緒控制。

出發前與球員和工作人員的會議上，我們鉅細靡遺討論了預想中可能發生的情況，以及球員可以用哪些不同的方式去理解這些情況。舉例來說，我們同意可能只有一小部分人會真的大喊大叫種族歧視的言論（值得慶幸的是，這類種族歧視現在普遍受到譴責，在今日的比賽中減少了很多）。然後我們討論了球隊在場上如何對自己和彼此喊話，控制好情緒做出積極的回應。

最後，我們一致認為在課堂上想得很美好沒錯，但我們必須能夠在激烈的戰鬥中做出這些致勝的行動，所以我幫球員設計了一個**「觸發短語」，用來穩定他們的反應**。我問他們紅綠燈的不同顏色是什麼意思，人人都知道綠燈行，紅燈停，黃燈代表準備變號。我們決定穩定持續的綠燈是我們的致勝顏色，要不惜一切代價避免「見紅」。黃燈是非常重要的警戒信號，代表狀態可能改變。球員們帶著「保持綠燈」的明確使命離開了會議室。

比賽當晚，每當球隊中有人感覺到「閃黃燈」，就會從球員（和工作人員）口中聽到響亮清晰的觸發短語「保持綠燈」，然後得以重新建立起自我控制。在更衣室、賽前等候區和整場比賽中，每個人和整個團隊不停交流著我們的觸發短語。儘管受到了嚴重的挑釁，但情緒得到控制，行為仍然保持專注有紀律。我們有條不紊踢球，應付了恐嚇，結果是三比〇勝利。

我生命的大部分時間被情緒綁架，不論是在運動或生活中受到挑戰時，我的情緒一上來常常把我淹沒，不可能做出理智的反應。這些情緒波動會削弱我的能力，帶來自我懷疑、恐懼、不安全感和無助感。我浪費了很多時間和精力卻沒有任何效果。人生有時確實很難，為自己的言行後悔的經驗我們每個人都曾有過。要建立成熟的致勝心態，必須養成習慣保持控制，拒絕被情緒綁架。

如果你能照顧好自己的身體和情緒狀態，正確理解眼前的任何情況，更細心、有自制力地檢查證據，就能處理好事情而不僅是做出反應，你的**情緒將能帶給你力量而不是削弱你的力量**。當你成功做到時，請拍拍自己表示鼓勵，恭喜你擁有良好的情緒復原力。

照顧好自己的
身體和情緒狀態。

行動要訣

當情緒作祟，理性思維岌岌可危時，「紅綠燈」策略可以在許多情況中幫到大多數人。記住下面幾個重點：

- 接受挑戰——看到挑戰而不是威脅。
- 做好準備——預防導致失控的情況。
- 聚焦於結果——決定你想要發生的事情。
- 享受「綠燈」狀態——保持控制，取得進步。
- 辨識「黃燈」——感覺快要失去控制時，盡快恢復到「綠燈」。
- 避免「紅燈」——妨害進步、損傷人際關係的無生產力狀態。

13

擊退焦慮 擁抱挑戰

一個簡單的選擇，決定了運動員是否能在真正重要的時刻發揮最佳表現，或者會因為承受不了其他人的期望以及對失敗的恐懼而崩潰。這個選擇就是：把競爭視為威脅還是挑戰？

保羅是個很有前途的十七歲足球員，隸屬於一支低階聯賽的小球隊，總教練問他是否準備好加入一軍時，他回答：「老大，我生來就準備好了。」然而隨著比賽日期越來越近，保羅越來越焦慮，我知道他還沒有準備好。比賽前一天，保羅向我坦白，要在一大群人面前踢球讓他擔心，即使是主場賽，保羅卻把觀眾視為威脅。總教練和我意識到，這種焦慮狀態會削減保羅的信心，損害他的表現，於是總教練大膽允許我嘗試一個想法。

保羅來報到參加比賽時，我叫他換上球衣跟我走。我們走到球場的一側，儘管他明顯不自在，我們還是開始在觀眾面前走來走去。現場群眾主要是提前抵達球場準備觀賽的家庭，每走幾步我就停下來和一群球迷交談，然後保羅開始體會到他們不是威脅，而是希望球隊（還有他）有好表現的支持團體。保羅的焦慮減輕了，踢出了一場非常精彩的比賽，後來成為一軍常客。

當我們被要求必須有高水準的表現時，總會有些引發焦慮的情況。情況本身不一定是問題所在，導致焦慮反應的是我們如何詮釋這些情況，並且添加自己想像的負面意涵。保羅一開始把人群視為威脅，可能會使他感到尷尬、羞辱、丟臉，被看得一文不值。接觸了一部分觀眾之後，他**對情況的詮釋從負面變為正面**，於是他受到激勵要為觀眾拿出好表現，他的活力、信心和專注力都提升了。

控制焦慮的要訣是超越最初的情緒反應，查看證據。我建議你牢牢記住，無論感覺多麼強烈，都不是事實。你可以問自己一些問題像是：這真的是威脅嗎？可能發生的最壞情況是什麼？用問問題的方式釐清事實。收集整理證據能讓你從新的角度去詮釋看似高壓的情境，將其視為挑戰而非威脅。

比賽後的那一個星期內，我和保羅一起強化這種新的精神力量。他和所有運動員一樣喜愛故事，無論是來自現實生活，還是來自書籍、電影，講述其他高水準表現的運動員如何應對挑戰的故事。

我們討論過的一部電影是《紅粉聯盟》（*A League of Their Own*），是一個根據美國真實情況改編的虛構故事：第二次世界大戰期間女子棒球隊取代了常規的男子球隊，起初這個舉措不被看好，只有少數觀眾來看比賽，不過隨著她們的球技進步加上體育娛樂的短缺，吸引了越來越多觀眾。其中一名選手多蒂（Dottie）變成「大明星」，尤其感受到了期待增加帶來的壓力，原本是挑戰的事情突然變成了威脅，擔心失敗的後果和困窘。在電影的一個關鍵場景中，吉娜．戴維斯（Geena Davies）飾演的多蒂去找湯姆．漢克斯（Tom Hanks）飾演的總教練，說她要辭職。教練問她為什麼，她告訴他「太辛苦了」，他回答了教練的至理名言：「本來就應該很辛苦。正因為太辛苦，所以不是人人都能參加。因為辛苦，所以偉大。」這影響了多蒂的心態，從只看到威脅轉變為接受挑戰。

失敗或成功都可能使球員和球隊感到焦慮，因為兩者都很難處理。我在帶領團隊時多次用多蒂的故事描繪出清晰的畫面，讓運動員看到可能面臨的外部壓力威脅。

這個故事告訴我們，**面對挑戰很難，但你可以做到**。美國一所大學女子足球隊的反應完美體現了對故事主旨的認識，我給她們看了電影片段之後的下一週，她們來訓練時全體穿上印有「We Do Tough（我們不怕苦）」字樣的T恤。

關於在運動和生活中應對恐懼的故事有很多，重點是必須冷靜檢查證據、評估風險，行有餘力則更進一步往前推算籌謀，才能應付焦慮。隨著時間經驗的累積，將能建立更強大的精神力量，把各種情況詮釋為挑戰而不是威脅，有信心在更多新情境中克服一開始的恐懼反應。

我們必須接受某種程度的焦慮是有益的、是有效的信號，讓我們遠離潛在的有害情況。

在受到控制的適當情況中，焦慮能驅使我們達到更高水準的表現，成就更大。竅門是從「我辦不到」這種無助的情緒抽離，轉為思考有效的選擇，從而建立相信自己的信念：「很難，但是我可以。」這樣的練習越多次，就越不會因為情緒反應過度而妨礙處理問題。

一路上會遇到一些失敗，你必須學會接受，為你的嘗試感到自豪，學習下次如何做得更好，然後繼續前進。一樣不變的是，選擇權在你手中，但請想一想，如果你像保羅那樣決定正面迎向挑戰，堅持選擇咬緊牙關不放棄，這會對你的人生產生多大的影響。

選擇咬緊牙關
不放棄。

行動要訣

想像一個你覺得很可怕的情境，然後練習「假如……那麼……」的應對方法：

- 評估你的選擇。
- 寫下所有可能的結果，從「可能發生的最壞情況」開始。
- 評估每個結果的可能性（風險）。
- 最後，選擇最適合你的解決方案。

你可以用縮寫 SOCS 幫助記憶上面的四個步驟：

S：Situation 情境

O：Options 選項

C：Consequences 後果

S：Solution 解決方案

14

拒當受害者 從挫折中站起來

我擔任英格蘭籃球隊教練已經是三十多年前的事，多年來，隊長保羅・斯汀普森（Paul Stimpson）一直與我保持聯絡。有次聊天時保羅提到，第一場比賽落敗時我們一起走出球場，我建議隊長在第二天的練習第一個到場。如果隊長拒絕成為失敗者，主動出擊，那麼整個球隊更有可能追隨隊長的腳步。

高水準的表現是一種持續的挑戰，有時會因為無法滿足自己和他人的期望而帶來威脅。這樣的關鍵時刻決定了許多人的成敗，通往成功的鑰匙是拒絕成為受害者，留下來戰鬥。

受到挫折而在精神和情感上受苦時，球員擁有的最大資產通常是家庭伴侶。才華出眾的橄欖球員克里斯摔斷腿時，他的妻子林恩是他康復的關鍵。球隊裡的每個人都知道，克里斯為了進入一軍付出巨大的努力，斷腿對他來說是多麼大的挫折。林恩在電話中提醒我們注意克里斯有多麼震驚、憤怒，不肯復健，說他無法繼續前進的狀態是一種精神麻痺。家訪時，我用心傾聽克里斯表達他感受到的憤怒和傷害，不加任何評判，這對他開始康復很重要。發洩完以後，克里斯才能取得進展，處理自己的情緒，然後解決問題。

下一步是讓克里斯從逃避轉變為接受，消滅責備的心態，使他的精神狀態從困在過去轉為聚焦現在和未來。具體步驟是幫助克里斯了解，追求高水準表現的過程中，挫折是挑戰的一部分，然後**把挫折重新定義為可能使他變得更強大的機會，而不是對未來比賽的威脅**。

林恩再一次介入幫了很大的忙，她設計了一個月曆掛在廚房，標明克里斯康復的時間表，隊醫和物理治療師告訴他們的每一個康復階段預估日期都圈示在上面，克里斯可以清楚看到多少天以後他可以開始走路、游泳、騎自行車、輕度訓練然後重新加入團隊。每天晚餐前他們會在日曆上劃掉一天，他們共同決定的目標是努力復健，提早一週完全康復。

漸漸的，我們要處理的情緒變少，資訊變多，克里斯的情緒能量重新導向積極的目標。另一個重要的時刻是克里斯問：「我怎樣才能恢復得更好？」許多人能夠恢復健康，卻未能把康復的過程視為意義重大的學習時刻，讓技能和行為模式「**歸零重開機**」。克里斯開始看到一連串的小成功，信心增強，最後如同林恩的預期，比專家預估提前一週回到了團隊。不久之後，他又回到了一軍，之後的職業生涯長久順利成功。

湯姆是足球聯賽球隊的固定先發，他和克里斯一樣遭遇了挫折，突然被降為替補球員去坐冷板凳。他的反應很糟糕，從他練習時的肢體語言和行為可以看出他正在成為一個典型的受害者。我們的第一次談話讓他釋放了情緒，第二次談話處理了藉口和責備。湯姆是個真誠、有想法的年輕人，他開始接受責任。慢慢的，湯姆的心態從受害者轉變為鬥士心態，把他感受到的批評重新詮釋為砥礪他把握機會表現更好的挑戰。我們開始討論在接下來的比賽中，他做為替補應該怎麼表現，索爾斯克亞（Ole Gunnar Solskjaer）是他可以效法的榜樣。

索爾斯克亞是天賦超卓的球員，職業生涯大部分時間在曼聯擔任替補，有「超級替補」的美名，因為他後備上場時總能帶動積極的氣氛，經常贏得勝利（最令人難忘的例子是一九九九年歐冠盃決賽，索爾斯克亞在加時賽踢進了曼聯的致勝球）。擔任替補對球員來說並不容易，但索爾斯克亞創造出一種徹底積極的心態，當比賽在球場上進行時，他保持全神貫注投入到比賽中，所以等到他上場時，身心都做好了萬全的準備。

湯姆認同了「有影響力的替補」楷模後，他的態度和行為就發生了變化。下一次比賽中，當他在最後二十分鐘上場時，他很清楚自己的角色，帶著活力和決心扭轉了情勢（雖然很可惜最終結果沒有改變）！他的表現讓他在下一場比賽重新回到了先發陣容候選名單。

克里斯和湯姆二個人都更清楚意識到，遭遇挫折後他們第一個反應是允許情緒占據主導地位，結果妨害了學習和進步的能力。他們的經歷使他們有了新的認識，亦即挫折是暫時的，令人遺憾，但若在挫折之後探究學習（「如果可以重來，我應該怎麼做？」、「下次我將如何處理類似的情況？」），就能積極反彈，產生復原力和心理韌性去面對未來的情況。他們可以選擇感到沮喪，或選擇全心投入改進。他們二人都學會「放下」挫敗感，認真努力，聚焦於下一步。

我工作的一個重要部分是幫助正在經歷艱困挫折的團隊和個人，工作過程始終不變的第一步是檢查受害者的跡象，包括找藉口或責備他人，不接受批評或回饋意見，抵制學習和改變，躲避壓力當鴕鳥，接受平庸的表現。心智是關鍵戰場，在這類情況中，我的工作是幫助心態改變，從麻痺否認轉變為積極恢復的展望。

在生活中我們每個人都會遭受挫折和失敗，但不應該耿耿於懷或一蹶不振。最好的作法是將其視為需要克服的挑戰，從中學習，如此才能從這個過程中浴火重生，變得更強大、更有彈性，更有經驗應對未來的挫折。

在生活中我們每個人
都會遭受挫折和失敗，
但不應該
耿耿於懷或一蹶不振。

行動要訣

下一次遇到不幸的情況時，試著遵循以下的指導方針，這些原則幫助過克里斯、湯姆和其他許多人：

- 接受失敗是旅程的一部分，不因此洩氣喪志。
- 克服負面的情緒。
- 培養足以自豪的挫折復原力，著手制定恢復行動計畫。
- 從每一次挫折中學習，成為一個更強大的人。

15

建立互助的團隊
團結力量大

將團隊塑造為一個高效能的互助團體是一個「從小我走向大我」的過程，每個成員都必須調整個人的待辦事項，配合滿足團隊協定的待辦事項需求。佛羅里達大學籃球隊奉行「FAMILY（Forget About Me I Love You）」的概念，也就是如同家人般無私無我的互助互愛。當這支球隊贏得全國冠軍時，這個概念面臨了考驗：隊上的明星球員喬金．諾亞（Joakim Noah）很榮幸受邀登上《運動畫刊》（*Sports Illustrated*）封面，這本美國首屈一指的體育雜誌封面只開放機會給少數頂尖人物，例如籃球之神喬丹。喬金告訴《運動畫刊》：「除非全隊一起，否則免談。」於是全隊都出現在封面上。同樣的，當喬金入選籃球名人堂時，他再次回答：「**除非全隊一起，否則免談。**」於是全隊一起進了名人堂。不難想像，這種程度的相互支持如何引出每個人的致勝表現。

卡洛琳是美國一所大學的女子美式足球隊教練，第一次與新組建的球隊成員見面時，她安排拍了一張團體照。彼此熟悉幾天後，她邀請所有隊員到她家參加披薩派對，吃吃喝喝玩完遊戲之後，她要求團隊一起完成她用團體照製作成的拼圖，可是卡洛琳偷藏了其中一個隊員臉部那塊拼圖。隊員們合作拼得很開心，但卻因為少了一塊而沮喪。卡洛琳等了一段時間讓她們充分體會這件事的意義，然後拿出缺的那塊拼圖。她與隊員討論了當某個隊員被排除在外時她們有什麼感受，以及當整個團隊完整時她們有什麼感受。想像一下不在照片中的隊員感覺如何：孤立、不被愛、不被需要，再想一想當她做為團隊的一員回到照片中時感覺有多好。

卡洛琳所做的，是為她領導的年輕球員創造一個心理安全區，一個集體和個人的支持系統。她明白隊員們可能無法獨自應對競爭的挑戰，需要知道能夠得到支持。拼圖活動讓她們明白沒有人應該被孤立遺忘，球隊和教練是一體的，是一個互助的單位，隊員可以說出「我需要幫助」，不必感到無能或羞恥。

當我開創應用運動心理學的先河時，有時候我是唯一可供球員承認有問題的心理安全區，這些運動員根本不可能坦承有可能被教練視為弱點的問題。有勇氣向他人表達自己的脆弱，是建立有效支持團隊的第一步。

當我輔導一支女子籃球隊度過重大困境時，卡洛琳凝聚團隊向心力的範例對我很有幫助。這支籃球隊取得了成功，獲得參加大型錦標賽的資格，但信任感和人際關係破裂，由於教練只注重表現，忘記了人際關係的重要性，因此球員的互助支持系統嚴重受損。舉例來說，有些球員報告說教練與她們沒有任何「有溫度的」對話，只管「做事」不管「做人」。球員們不再接受僅以任務為中心的領導，對她們個人的福祉卻不尊重也不關心。為了挽回局面，管理人員開除了教練團，任命了一個年輕的教練和助理，要求我幫忙扭轉情勢。

在球隊收假的前一天，我要求與教練團人員開會，大家聚在一起時，我安排了一個練習，每個人必須想出五種方式讓球員感到被需要、被關心、被傾聽，最終感到被欣賞與感謝。他們想出的二十多個回答通通寫在一張白紙上，如果教練團能夠以這些行動為基礎，與球員重建關係，球員將能重新找回對團隊的熱情與承諾。

球員歸隊後，我們共度了一些時間，我要她們分成兩人一組，然後向她們解釋了「**信心夥伴**」的概念。信心夥伴彼此支持關心，互相督促進步，總是強調積極的一面，不斷注入信心，在看到夥伴的消極行為可能損害表現時插手干預。**身為夥伴的責任包括日行一善，每天為夥伴做一件好事，讓團隊更團結**。錦標賽結束後的匯報中，許多球員提到這個活動對士氣的鼓舞作用，收到一杯咖啡、小禮物，或僅是某人表現出關懷和關注，都讓人振奮不已。

所有這些舉措賦予了團隊新的精神，隨之而來的是表現改善。從感覺不被愛、不被關心，到現在球員們被積極互助的團體包圍，感受到被需要、被關心、被傾聽，得到值得信賴的信心夥伴給予欣賞和支持，這些為團隊成員的表現提供了堅實正面的情感基礎，那次比賽打出了球隊有史以來最好的成績。

體育運動非常殘酷，戰敗後的更衣室是一個悲傷的地方，整個球隊和工作人員必須學會在這種時刻互相支持。英格蘭U21足球代表隊在塞普勒斯舉行的歐洲冠軍聯賽擊敗愛爾蘭時，我當然很高興，但也知道愛爾蘭隊的男孩們有多失望。比賽結束幾小時後，三名英格蘭球員來到我的飯店房間，帶我去看愛爾蘭隊如何分擔痛苦：他們圍坐在飯店的小泳池旁，腿泡在水裡，隊醫彈著吉他，一起唱著愛爾蘭傳統歌曲。如果我們能一起分擔生活中的困難，就更容易面對痛苦。

我們的人生旅程可能充滿挑戰，若是踽踽獨行將更顯艱困，最好是與家人、朋友和同事建立互助團體，就能夠像前面介紹的籃球隊或愛爾蘭青年足球隊一樣，在需要時借助團體的力量。請你鼓起勇氣**向你所屬的團體伸出手，分享你的軟弱，建立相互支持的關係**。

現代的生活和工作模式常決定了我們一生中某些時期只能靠自己，很容易變得孤立、沮喪、脫節，慢慢失去支持的團體。你必須了解增加溝通可以減少焦慮，記住「只有在欠缺良好的溝通時才會有問題」，一如前面描述的團隊故事。與家人朋友互相支持，培養關係，把這當成每日必做的事項之一，一通打氣的電話就能大大提振情緒和士氣。

增加溝通
可以減少焦慮。

「你沒搞懂，比爾！」梅麗莎跳起來對我大叫。我在一所美國大學輔導女子足球隊的新生，探索在大學第一年要應付的挑戰。梅麗莎是十八歲的醫學生，同時也是一名出色的足球員，她站到大家前面，然後用舉著長棍轉盤子的特技表演來形容她的大一生活。

她放上去的第一個想像中的轉盤代表了課業的難度，第二個轉盤是足球練習的挑戰，第三個盤子是媽媽每天打電話來好幾次的壓力。梅麗莎假裝第一個盤子搖搖晃晃快要落下，所以她不得不回頭給第一個盤子加把勁保持旋轉。第四個盤子是她在家鄉的男友下個週末要來，但是呢（接下來引發了一陣大笑）第五個盤子是她在大學的男友不想要他來。此刻，梅麗莎被這些假想的生活轉盤搞得手忙腳亂，然後她做出了全部墜毀的動作。她說：「比爾，這就是我現在對生活的感覺！」

梅麗莎以富有創造力和娛樂性的方式描述了她個人的守備範圍如何失去控制。我向團隊解說，守備範圍是指你能夠應付的任務數量，包括個人、社交和工作相關任務，而不會失焦或被壓垮。梅麗莎試圖同時應付太多任務，試圖讓所有人滿意。

每個人的身體、心理和情感能力都不同，隨後的討論顯示出許多學生球員有時感到應付不來、沒效率、犯太多錯、太晚發現問題。起初他們說原因是時間不夠，但隨著討論的進行，原因變成了無法集中精力於生活中真正有價值的主要領域。然後一些問題跟著浮現，像是目標不切實際、日程安排不佳、睡眠不足、花太多時間在手機和社群媒體上。

此時有個隊員把她的生活形容為跑馬拉松。我們一起探索了這個概念：對於像他們這種追求高成就的學生運動員來說，生活不是馬拉松，而是一系列衝刺。為了有效應對課業、運動和人際關係方面的挑戰，需要能量，而且是足夠的能量，投入充分的注意力和精力在優先任務或活動，以產生巔峰表現時刻，這種爆發力用衝刺來形容最為貼切。但**如果每次衝刺之後沒有適當的恢復時間，那麼下一次衝刺將沒有足夠的能量發揮出最大潛力**。沒有適當恢復快速補充能量，就好

？	家庭	健身與健康	職業與財務	？
可有可無	重要	必要	重要	可有可無

像「餓著肚子跑步」，怎麼可能會有好表現。

球員們聽得入迷，自從上大學以來，大家談的都是工作工作工作，沒有人提到休息和恢復，更不用說竟然還推薦休息！同樣的，也沒有人談到排列優先順序的重要，以及調整守備範圍的重要。

有些高成就者可能面臨成功帶來的問題。長期接受我輔導的布萊德非常成功，收到很多很棒的邀約，致使個人的守備範圍擴張到完全失控。為了修正這種情況，布萊德和我回頭檢視最基本的東西。我們一致認為，**他必須為自己的守備範圍設下界限，才能保障效能、生活品質和平衡**。我們花了不少時間確認他想要的生活，設定切合實際的目標，然後再根據他想要達成的個人和職業成就，畫出他的守備範圍，用連續光譜的方式呈現（見上圖）。

訓練自己
做出正確的選擇。

布萊德列出的人生重要項目是保持身體健康強健、維持穩固的家庭和個人關係、在工作方面日新又新，經濟寬裕。我們同意他必須**在這些不可退讓的目標之間維持平衡，有勇氣對非必要的承諾說不，才能建立適當的守備範圍**，過得幸福快樂。布萊德養成習慣約束自己做出正確的選擇，理性拒絕過多的負荷，生活變得更簡單、更快樂、更成功。

在休息恢復與工作活動產出之間取得平衡，將使你有精力全神貫注處理重要的事情，大大提高成功的機會。已故的賈伯斯說得好：「專注和簡單是我一直堅信的原則。簡單可能比複雜更困難，你必須努力保持思維清晰才能做到簡單，但努力是值得的，一旦做到就能移動群山。」

行動要訣

- 每當你感到不知所措、效能低下或錯誤連連時，請檢查你的守備範圍。
- 清楚確定你想要什麼，排出行動的優先順序。
- 嚴格控制日程安排，對無關緊要的事情說不。

17

做對的事 為自己的行為負責

加入球隊就必須接受某些沒有商量餘地的條件，隊員應該準時、做好準備、傾聽和學習、做好份內工作、成為好隊友等等，這些是必然的期待。大多數運動員都明白這一點，倘若工作內容有意義、有包容性和啟發性，他們就會接受並遵守規則。

不過我曾與一位英超教練合作，他堅持必須有一套公告的規則以及相應的制裁，涵蓋所有違規行為。我建議的替代方案是定出一個關鍵的準則：對球員的期望是在所有情況下「做正確的事」，也就是運動員的行為由他們自主，由他們自己負責，**任何偏差行為都是教育和學習的好機會**。這個方法非常有效，我們只遇到了少數問題。我們所受的教養、教育和直覺應該足以使我們明瞭什麼是正確的選擇，雖然我們往往是在做錯事後悔之後才學到教訓。

我有一個朋友比利在內城區一家青少年角力會館執教，孩子們常被警察、社會服務機構或絕望的父母送來，希望藉由運動幫助解決行為問題。這些青少年常常沒有做正確的事情，做出錯誤的選擇，缺乏紀律和自制力導致他們屢屢失敗。

角力這種運動在場上只能靠自己，紀律和自我控制是必不可少的元素。比利會從塑造品格開始，教這些年輕人如何做正確的事，養成良好的習慣。當他們抵達會館受訓時，比利堅持要他們展現基本的自律，才有資格參加練習。每天晚上，孩子們必須先來向比利道晚安，跟他握手，給他看裝滿水的水瓶，上面清楚標示名字，這些動作全部讓比利滿意之後，才能加入軟墊上的其他教練和角力選手一起練習，否則比利拒絕讓他們參加。

比利深知**自律為所有其他領域的發展開啟大門**，透過每天晚上的開場程序，教這些青少年為自己的準備工作和行動負責，表現出對學習的承諾，了解如何贏得他人的尊重，並且隨著尊重被授予權利做為獎勵。儘管環境困難，但比利用「愛之深責之切」的指導方式幫助這些年輕人成長為負責任的成年人，他們其中一些人現在自己當上了教練。

歐洲某個足球俱樂部的主席曾經問過我，為什麼青年學院培訓出來的年輕球員精神不夠強大，無法在成年一軍環境中生存？我建議球隊首先應該改變招募青年球員的方式，他們犯的錯是強調球員和家人可以獲得的權利（經濟支持、住宿、教育和其他福利），而不是強調年輕足球員追求職業生涯必須擔負的責任。這導致了對年輕球員的哪些行為是可接受的產生誤解，也導致訓練場內外的標準低落，例如遲到、穿錯裝備、逃避工作和找藉口。權利太多，阻礙了復原力和心理韌性的發展。於是招募政策逆轉，責任置於權利之前——「履行責任，你就會得到相應的福利」。

為了跟進加強這項政策，學院各年齡階段的教練被要求確定、同意並實施一些符合球員年齡的責任，這些必須做到的行為使他們隨著年級往上、足球**技術越來越進步的同時，也承擔了越來越多的責任**。所有球員收到的訊息是：

- 在你應該在的時候，在你應該在的地方。
- 在你應該做的時候，做你應該做的事情。
- 說到做到。

- 自己做正確的事，也協助團隊做正確的事。
- 對你的工作負責，值得信賴的隊員會得到回報。
- 勇於當責，接受回饋意見。

慢慢的，就像前面介紹的年輕角力選手一樣，青年學院的球員開始對自己的行為承擔更多的責任，為失敗負起完全的責任。有了適當的環境，年輕球員學得很快，他們以反覆做正確的事情為榮，行為、習慣和性格隨之改善，並且轉化為球場上的表現，俱樂部培養出更有紀律、自制力更高的球員。

俱樂部裡有很多有天賦的年輕球員，但由於欠缺良好的性格，以及傾向於做出錯誤的選擇，以致天賦在壓力下時常無法發揮。隨著新的責任體系生根發展，我們看到球員在天賦和性格方面都受益匪淺，進入成年隊後更能如魚得水。看到他們的成功讓人欣慰。

養成習慣一次又一次做正確的事，並不總是那麼容易。這是邁向成功生活關鍵性的一步，儘管許多人誤認為只有大事需要注意，但比利的故事和青年學院的例子給我們的教訓是，**在日常生活的小細節始終如一堅守這些標準，才能養成好習慣，幫助我們在真正重要的情境取得成功**，不屈不撓。這套方法是軍事組織的運作原理，危急時遵循在訓練中學到並且練習過的指導方針，有助於避免迫在眉睫的危險，拯救生命。

大多數情況中，人們知道什麼是正確的作法。如果他們繼續**做出錯誤的選擇，必須弄清楚是什麼阻礙了他們做出不同的選擇**。根據個人經驗，我偶爾沒有做正確的事（通常是在疲倦、過度情緒化或根本沒有考慮可能的後果時）第二天會很內疚。林肯說的一點也沒錯：「當我做好事時，我感覺很好。當我做壞事時，我感覺很壞。這就是我的宗教信仰。」

我們有多少次在白天隨波逐流，然後到了晚上感覺一事無成？假如我們下定決心更常做正確的事、成為一個更有責任感的人，又會有什麼樣的結果呢？會不會在上床睡覺時感覺更充實愉快？

下定決心
更常做正確的事。

行動要訣

- 行動前，停下來問問自己：「什麼是正確該做的事？」
- 身體或精神失去平衡時，避免草率做出決定。
- 如果有疑問，「喊暫停」讓自己思考一下。
- 出錯時承擔責任。
- 學會避免再犯同樣的錯誤。

18

控制可控因素
發揮你的優勢

成為一名運動心理學家改變了我的生活，包括職業和個人二方面。前面我已經招認過，有時候我會被自己的情緒所俘虜，做出不明智的決定和行動。心理學教會我，在困難情境引發的情緒餘波中，混亂的思緒會被「不可控制的因素」占據，像是「其他人會怎麼想？」、「我能得到這份工作嗎？」這些都是我無能為力的事。

有一天，我聽到一句好話：「**你不可能永遠控制自己所處的境地，但你可以控制自己的反應。**」解決之道就是把不可控的東西放在一邊，專心思考你能控制的東西，從而做出更理性的反應。現在，事情出錯使我氣紅了眼時，我會問自己：「對這件事我能做什麼？」用思考我的選擇取代過度情緒化的反應，開始真正應對情況。

我發現傑克就是這樣一個人，他已經學會去應對具有挑戰性的情境，而非僅是做出情緒反應。二十名籃球員一起角逐歐洲冠軍盃的十個出賽名額，從一開始傑克的態度就很突出，儘管很明顯他不像其他許多球員那樣有技術天賦。

每天晚上，我聽著教練團熱衷於討論天賦，忽略了傑克貢獻的潛能。當他們根據天賦為球員排名時，我不得不同意，在這一群球員中傑克排名在十五到二十位之間。所以我製作了另一個排行榜，根據態度和團隊精神排名，傑克是第一名。之後教練們更仔細觀察他，看到了勝利者的態度：

- 總是提早到場練習
- 總是清爽整潔且準備充分
- 「我做得到」的態度
- 熱情／精力充沛
- 樂於學習
- 不因錯誤而灰心喪氣
- 無私，善於團隊合作
- 接受回饋意見

• 承擔責任
• 支持隊友
• 合作愉快

教練團承認態度和性格在歐洲賽場上和天賦同樣重要，於是選擇了傑克。比賽得到勝利，傑克在場上和場下都是出色球員，一次又一次證明他值得信賴。

體育賽事的環境往往相當混亂，運動員必須不分心，聚焦於可以控制的東西，發揮自己的優勢。然而，年輕運動員並不總是那麼容易避開「場邊秀」的干擾，他們的焦點可能會被不能控制的東西打散。

十七歲的籃球員邁可被教練描述為共事過最優秀的天才，當邁可進入成年隊時，對他的期望很高。遺憾的是，在主舞台的刺眼聚光燈下，他的表現慘不忍睹。邁可太過在意比賽結果以及隊友、對手、觀眾和媒體的看法，以致無法專注於自己的表現。我們的討論集中在幫助他消除對其他人的評判感到擔憂，學會從情緒中抽離出來，對自己誦念「該怎樣就怎樣」。

為了讓邁可明確認識需要發展什麼樣的精神力量，我用了奧運泳將麥可・菲爾普斯（Michael Phelps）的故事，為二〇〇八年北京奧運備戰時他的手腕骨折。他控制局面的方法是忽視他無法控制的部分，繼續訓練，在等待手腕痊癒的期間專注於鍛鍊腿部，最後贏得了八枚金牌。邁可這個年輕的籃球員後來確實進步了，可惜還不足以成為教練曾經期望的球員。

每個人都有長處和短處，勝利者在盡力發揮自己長處的同時，也會努力克服短處。從比賽的某些方面看來，傑克在籃球場上的表現不如他的隊友，然而他所掌控的技能為球隊表現大大加分。**如果你只看你無法控制的短處，很容易成為沒有發揮最佳表現的藉口**。你的態度是你的責任，你的選擇。

哈佛大學近年來認識到了這一點，於是改變了大學部的招生政策，百分之五十看才能，另外百分之五十看性格和態度。同樣的，我擔任大學講師面試學生時，會向這些申請入學的學生提出三個關鍵問題，用來揭示他們的態度和性格：

1. 你是什麼樣的人？
2. 你想成為什麼樣的人？
3. 請說出三件你引以為豪的事，而且不能是別人要你做你才去做的事。

在運動和生活中，成功人士的特點是兼具效能和效率。效能來自於能夠分割可控因素（我應該能做到的事）與不可控因素（我不能改變的事），效率則源自把知識、經驗、時間和精力盡量用在能顯著提高成功機會的地方。正如傑克的優良特質，這些都是可以做到的簡單行動，用點心思和努力就能輕鬆實現。

傑克和菲爾普斯都證明了，有一件事是人人都能控制的，那就是你願意投入多少去努力奮鬥，以及有多努力拒絕糾結於無法控制的因素。這樣的心態確保他們在情緒上保持控制。相對的，年輕籃球員邁可為自己無能為力的事情焦慮苦惱，結果失去情緒控制，使他的表現受限。

每個人都有長處和短處，
勝利者在盡力
發揮自己長處的同時，
也會努力克服短處。

行動要訣

假想你正要找一份新工作，或正要參加某個隊伍的甄試，你該做的是：

- 列出成功的關鍵因素。
- 把你無法控制的事物挑出來，「晾」在一邊。
- 把力量用在改變你可以影響的事。
- 如果你因為不可控制的因素而失敗，接受「人生就是這樣」然後繼續前進——你已經盡力了！

19

為自己找個楷模
效法你的偶像

史蒂夫・麥克拉倫（Steve McClaren）離開曼聯轉任米德斯堡足球俱樂部總教練時，要我跟著去當他的副手。我們的首場比賽是主場賽，〇比四落敗。我看著史蒂夫不得不與自己的失望搏鬥，不得不與球迷的反應、球員和工作人員的沮喪周旋。似乎這樣還不夠，史蒂夫隨後不得不面對全國媒體。

當我們走向媒體接待室時，我能感覺到他的焦躁，於是我若無其事地問他，曼聯總教練亞歷克斯・佛格森（Alex Ferguson）遇到這種情況會怎麼辦？史蒂夫停下腳步，講述亞歷克斯將如何保持堅強、積極，在媒體面前侃侃而談。我建議他在接下來的十五分鐘裡把自己當成亞歷克斯。史蒂夫用我們前任老闆的行為當榜樣，可圈可點地應對了具有挑戰性的情境，同時也為未來吸取了很好的教訓。

我們大部分行為都是基於觀察和模仿生活中重要（或曾經重要）他人的行為，以他們為楷模。我無法親身示範對史蒂夫有幫助的行為，也無法用言語迅速有效描繪出來，但是我找到了一個史蒂夫會懂的代表人物形象，讓他很有機會用最佳方式處理眼前的情況，偉大榜樣的形象可以產生強大的影響。

引入一個有影響力的角色，也可以成為團隊私下仿效的非常重要的模範。

在我工作的某一個足球俱樂部，球隊中有一些職業生涯即將結束的球員，他們表現出不良的習慣，欠缺職業精神，我們擔心會影響到剛加入球隊的那群優秀年輕球員。還好問題解決了，歸功於經過精挑細選新簽約的一位資深球員，從來到球隊的第一天起，這位因為性格和天賦而被選中的球員就悄悄樹立了新的專業標準——總是早到，看起來神清氣爽做好準備，永遠付出最大的專注和努力。年輕球員光是看一眼擺在面前的兩種選擇，便紛紛以新簽約的那位球員為榜樣，對自己的標準跟著提高，後來這一組人促成了這個足球俱樂部最光輝燦爛的時期之一。

在幫助頂尖的職業守門員安迪時，找到一個可以效法的楷模再次發揮很大的功效。安迪很抗拒離開球門去搶截更大範圍的傳中球，他是個非常厲害的球員，但這個嚴重缺陷讓他和總教練鬧得很不愉快。我最初的念頭環繞著一個問題：「做不到還是不願意？」我很快推翻了「做不到」這個選項，因為安迪身材高大，動作敏捷，球技佳。然後我把焦點放在妨礙他表現的心態問題。

安迪是個有智慧有想法的人，我向他提出心態問題時，他解釋說離開球門攔截傳中是有風險的，他不想因為犯下重大錯誤而讓球隊失望。我叫他想一想，為什麼總教練要他做這麼冒險的事情。經過一番思考，他的回覆表明他理解用自信的態度對付傳中，是向對手和自己的團隊雙方發出示威訊號。他接受了改變的必要性之後，下一步是找到一個可以克服他心理障礙的動機。

他最喜歡的守門員是彼得．舒梅切爾（Peter Schmeichel），所以第二天我們準備了一部十分鐘的影片合輯，收錄彼得離開球門攔截傳中的影像。我建議安迪嘗試模仿舒梅切爾的行為，敦促他：「把自己當成彼得。」

漸漸的，透過訓練和比賽，安迪開始複製我們期待的反應，以越來越自信的方式處理傳中球，他得到的獎勵是總教練和團隊繼續推選他擔任守門員，給他許多好評。安迪把這種仿效行為融入各方面的技能，成為他守門員職業生涯中被公認的一大優勢。

»

問自己你的偶像
會怎麼做，
然後找到勇氣去做。

»

在尋求改善自己的過程中，很可能必須為做出不習慣的行為而感到不自在，這是挑戰，也是學習的關鍵時刻。放棄很容易，「太難了」是簡單現成的藉口。但若能想到一個**成功的榜樣**，這個榜樣具備必要的技能而且能讓你打從心裡認同，就可以**觀察然後模仿他們的行為，直到這樣的行為變得自然而然**。就像安迪問自己彼得會怎麼做，你也可以問自己你的偶像會怎麼做，然後找到勇氣去做，得到的回報將非常值得。

行動要訣

- 研究你要實現的目標方面有傑出表現的人。
- 選擇一個榜樣，在特定情境中問自己：「他會怎麼做？」
- 如果你的行動達不到要求，請檢查你的問題是「做不到」還是「不願意」。如果是「做不到」，需要採取的行動是多練習或繼續學習。如果是「不願意」，那麼你需要的行動就是努力改變你的想法。

我現處的職業生涯階段是以前我幫助過的許多球員現在自己成了教練和總教練，其中一位足球總教練布魯諾邀請我和他的球隊一起工作。第一次會面向我介紹團隊時，布魯諾拿出一個包包，重到他幾乎搬不動，裡面裝滿了他手寫的日記。

把個人事件寫進日記是我教他的，當時他是剛來到英格蘭的年輕球員。布魯諾給球隊看這些日記，顯現出他多麼重視這件事，在漫長的職業生涯中他一直保持寫日記的習慣。

多年前，我們第一次見面時，布魯諾是一個客氣害羞的年輕人。短短幾天時間內，他從生活在故鄉親友的熟悉環境中，變成當地俱樂部的天才球員和國家隊新成員，又被英超球隊延攬。

然而，當他走進更衣室，發現自己與他心目中所有足球英雄成為同伴時，他開始焦慮。他覺得自己像是在濫竽充數，自己說服了自己相信他不可能達到這個房間裡的專業水準。隨著這種日益增長的焦慮開始影響他的態度和表現，每一天對他來說都變成了一場戰役。

他腦子裡有一連串的消極想法：「我不如隊上的其他人，我不屬於這裡。我沒辦法成為一個偉大的球員。」這些念頭反反覆覆繞來繞去轉個不停，他越來越深信不疑，於是信心被擊沉，活力被吸乾。

當我諮詢球隊教練時，他們說他們仍然確信布魯諾可以成為一名真正偉大的球員，儘管他們意識到他有焦慮的問題。很明顯問題出在布魯諾一個人身上，他的教練相信他，但他自己找到證據來支持他的消極想法。他必須面對並且贏得這場個人的戰鬥，找到克服焦慮所需的積極態度。

我們從討論新的概念開始：每一件事都提供了學習和成長的機會，他一定能戰勝自己的心理，成為更強大、更棒的球員。為了幫助他釐清頭腦中的對話，我建議他寫日記，把思想轉移到紙上的行為本身可以紓解腦海中的一團亂麻，幫助整理思緒，帶來解脫感。

布魯諾答應在日記裡回答四個問題，用書面方式做思想檢查，也許不是天天寫，不過如果能養成固定習慣會更好。首先，他會**記下那天出了什麼問題，然後寫下他可以怎麼改變。接著他會記錄那天做得好的地方，最後是他可以如何改進**。這變成了他的睡前活動，回憶當天的低谷和高潮。

每次見面時我們會查看他的日記，隨著訓練進行與時間推移，布魯諾逐漸在質疑自己時開始學會區分現實與他的看法。

起初他分享了在練習中錯過得分機會的感受，以及這如何削弱了他在剩餘訓練課程中的信心。這是一個很好的基礎，他的想法開始轉移，不再一路往負面到底的方向鑽。

然後他分享了他將要採取的行動，改變他察覺到的消極問題，比方說錯過得分機會的反應是要學會「放下」這種消極情緒，變得更強而不是更弱。我提醒他，就算是很厲害的前鋒，平均每五次射門大概只能進一球，但他們不會讓這些數據影響信心。慢慢的，他開始更能控制自己的想法。

接下來我們查看了他對「今天什麼地方做得好？」的評估，布魯諾寫下來的是他很努力甩開盯著他的守備員，搶到射門位置，雖然沒進球，但他盡了自己的責任。

比起積極的情緒，人們更容易受到消極感受的影響而受害，消極的心態會導致我們對進步視而不見。我們花太多時間查看出錯的地方，以致忘記了查看做對的地方。在這方面，布魯諾本性中的謙遜也妨礙了他。

布魯諾必須要做的是，停止無視他表現好的部分，體認到教練和隊友可以清楚看到：他是一個非常好的球員。

為了促成他的思想轉變，我們邀請一位助理教練參加我們的一次會談，分享他對布魯諾能力和表現的看法。結果布魯諾的信心大幅增強，因為教練強調了他的優秀特質，說他是球隊未來的一個重要部分。

還有，從此以後那個教練對布魯諾的進步產生了真正的興趣，成為了他的信心夥伴。額外的動力來自觀看我要求球隊影像分析師製作的影片，裡面收錄了布魯諾在前一個星期比賽中的助攻和進攻動作，更強化了他的積極心態。

我們花了好幾個星期探究他每晚日記的最後一條，關於「我如何才能變得更好？」的想法，到現在布魯諾對自己的處境承擔了更多的責任，決定他要更努力加強射門技巧，並且在機會來臨時保持冷靜。

隨著賽季的進行，看到布魯諾更能控制自己的想法，變成一個更自信果斷的人及球員，讓我感到十分欣慰。

許多年後，當我造訪他的球隊時，他在團隊面前展示了這些歷史悠久的日記，證明了他深信寫日記的價值與益處。

我們花太多時間
查看出錯的地方，
以致忘記了
查看做對的地方。

目標：早上起床的動力

人：被愛的關係包圍

地：住在一個讓你快樂的地方

健康：各方面保持健康

財務安全：現在或未來都不用擔心錢的事

我一直相信，**最重要的不是你從運動中得到了什麼，而是你成為了什麼樣的人。**我收到的這些深具意義的回饋意見，鼓勵我與各位分享這些故事，不一定是為了從生活中獲得什麼，重點在於你可能會成為什麼樣的人。

拉開時空的距離後，對這些我從前輔導過的案主另一個感想是，當他們不再阻礙自己、不再感到無助，開始控制生活中的事件積極改寫他們的故事時，人生變得多麼充實。我很希望透過分享我的經驗能夠鼓勵你也這樣做。

貫穿本書的首要主旨是，心理健康和幸福的戰鬥是與自己的對戰——**軟弱的**

你與堅強的你對戰。書中故事強調尋求幫助能夠得到的力量，而不是試圖獨自與生活抗爭，其中所有運動員和教練都以某種形式鼓起勇氣說出：「我錯了」、「我很抱歉」、「我不知道」或「我需要幫助」，某些人因為與導師或夥伴分享想法，找到了改寫人生故事的鑰匙，開啟了更成功的職業生涯與生活。

這本簡單的書鼓勵你回顧自己的人生故事，並且提醒你，一旦你為自己的心態、隨之而來的思維和行為負起責任，生活就會開始改變。如果你現在過的不是你想要的生活，可以透過多種方式取回控制權，具體細節請見每一課的說明。

你要回答的關鍵問題是：「我想要什麼？」和「我有多想要？」。

改變並不容易，但如果能克服所有懷疑恐懼，奮發承擔責任的意志力，使自己的心態更堅強，就能重塑你的人生歷程。

祝你順利成功改寫你的故事！

Bill

進度檢核清單

每個人或多或少都需要提醒，因此我列出了一些激發思考的檢核清單，幫助你取得進步。

檢核清單一：認識自己

這個練習可以幫助你描繪出目前的自我形象，指導你創建關於你想成為的人的願景陳述。願景陳述應提供方向，富有想像力、鼓舞人心、表述清晰、重點突出、面向未來，為自己樹立卓越的標準。

請回答以下問題來創建你的願景陳述：

1. 我最喜歡的老師／教練是……
我喜歡和欣賞他們的地方是……

2. 我引以為豪的事情是……
我當時很成功，因為……

3. 我最大的優點是……
我想發展的優勢是……

4. 我想要的生活方式是……
我想被人記住……

5. 我在……處於最佳狀態

6. 我對……充滿熱情

7. 我喜歡做現在的工作，因為……

8. 我生命中真正重要的是……
我想要完成的是……

現在挑選出對你來說很重要的關鍵詞彙，合在一起創建出你的個人願景陳述（不超過五句話）。

檢核清單二：相信自己

你的表現是自信心的反映，所以建立相信自己的信念是改寫你的故事的關鍵。下面的清單可以提醒你構成信心的要素，請定期拿出來檢查。

- 不要自我設限，你能做到比自己想的更好。
- 信念是一種選擇，記住要勇敢支持自己。
- 有證據支持可以讓信念更堅定，別忘記你的成功歷史。
- 萬全的準備加上賣力工作，讓你對自己更有信心。
- 即使是小小的成就，也足以為榮。

- 信心源自積極的自我對話——做你自己的啦啦隊長。
- 周遭的人可能為你加油也可能扯後腿，請選擇能鞭策你變得更好的朋友。
- 相信別人，他們也會相信你。
- 信心總是受到挫折的考驗，不要動搖！
- 唯一的失敗就是放棄，永不屈服！

檢核清單三：選擇積極

我們的情緒、士氣和幸福的總體狀態取決如何解釋所面對的情況，選擇積極的心態「拚一下，我可以的」是成功的基礎。請定期大聲朗讀這份清單，幫助你的心態轉變為積極，尤其是當你感到消極的念頭開始冒出來時。

- 我相信自己。
- 大多數事情我都能處理。

- 我總是給自己打氣。
- 每一天都是與自己的競賽。
- 我不屈服，不放棄。
- 日子已經夠難的了，我絕不為難自己。
- 我專注於發揮我的長處，遏制短處。
- 我把挫折當作學習的機會。
- 我會成為一名優秀的團隊成員。
- 我從不責怪他人或找藉口，為我的行為承擔責任。
- 能做第一我絕不做第二。

檢核清單四：鬥士或受害者心態？

本書多次提到每個人在面臨挑戰時的選擇，你要當鬥士還是受害者？鬥士的心態更為可取，但不可否認的是，我們都偶爾會發現自己像受害者一樣思考。

以下清單可以用來評估你當下的心態。

鬥士心態

承擔責任
需要滿足成就感
保持控制
享受挑戰
保持積極態度
喜歡接受指導
專注於優勢
處理「不舒服」
尋找互相砥礪的朋友
全心投入競賽

受害者心態

總是找藉口
安於失敗或失去
輕易放棄控制
忍受挑戰
遇到壓力就逃避
無法接受批評
劣勢主導
躲回「舒適圈」
選擇「受害者」朋友
被餘興節目吸引而分心

檢核清單五：冠軍心態

天賦才能加上良好的心態，才能成為冠軍。本書中有許多例子闡述冠軍行動的心態，下面的清單列出了培養冠軍心態的方法，你能做到多少？

- 每天尋找你的熱情所在。
- 設定短、中、長期目標。
- 承擔責任，勇於當責。
- 每天確實執行計畫，願意付出努力。
- 建立互助團體，和對你有信心的人做伴。
- 培養才能，每天學習。
- 只關注你能控制的東西。
- 處理挫折，不要做出情緒化的反應。
- 知道何時該如何放鬆、恢復。

- 全年三百六十五天二十四小時都選擇良好的生活方式。
- 永不放棄，不斷尋找可能性。
- 永遠記住你的對手是自己！

檢核清單六：自我管理的十個步驟

這份清單是為了幫助你停止擋住自己的路，改為建立天天必勝的心態。有事沒事就可以看看這份清單自我檢查，所以請放在你一定看得到的地方，例如貼在浴室鏡子上或冰箱門上。睡前可以再檢查一次，評估你這一天過得怎麼樣。

1. 為你的一天負責，沒有藉口。
2. 著手實現至少三個目標。
3. 積極思考：「今天將是美好的一天」。
4. 忽略無法控制的東西。

5. 自信果斷，決定成為鬥士，而不是受害者。
6. 管理你的時間和精力，注意效率。
7. 當自己的楷模，早起做好準備、充滿熱情。
8. 熱愛挑戰：「今天是我大放異彩的機會」。
9. 每天學習新東西。
10. 成為領導者，讓你身邊的人變得更好。

致謝

若非許多教練和運動員鼓起勇氣尋求我的幫助，說出：「我有問題，我需要幫助」，這本書永遠不可能成形。你們的故事將幫助其他人面對他們的恐懼。

團隊背後總是有一個團隊，如果沒有極具才華的支持團隊襄助，我不可能完成這本書。感謝海莉．貝斯維克（Hayley Beswick）和黛安．帕特森（Diane Patterson）的「理性閱讀」，提供寶貴的回饋意見和鼓勵。

企鵝出版社（Penguin）的編輯艾蜜莉．羅布森（Emily Roberson）參加了我的一次演說後，提議撰寫本書。艾蜜莉以及她能幹的助理蘇珊娜．貝內特（Susannah Bennett）從一開始就一直對我充滿信心，提供了一連串有用的建議，在我遲疑時督促我前進。謝謝！

最後要特別感謝我的妻子薇兒（Val），她是我個人的「實話實說小天使」，讓整個寫作過程保持紀律和專業，尤其是在完稿的艱難階段。我周圍充滿可愛又有才華的女人，這一點就不用多說了。

像冠軍一樣思考

運動心理學大師的 20 個思維訓練，成功從心態開始

Changing Your Story: 20 Life Lessons Drawn From Elite Sport

作者	比爾・貝斯維克 Bill Beswick
譯者	葛窈君
商周集團執行長	郭奕伶
視覺顧問	陳栩椿
商業周刊出版部	
總編輯	余幸娟
責任編輯	黃郡怡
封面設計	走路花工作室
內文排版	洪玉玲
出版發行	城邦文化事業股份有限公司 商業周刊
地址	115020 台北市南港區昆陽街 16 號 6 樓 電話 ：(02)2505-6789 傳真：(02)2503-6399
讀者服務專線	（02）2510-8888
商周集團網站服務信箱	mailbox@bwnet.com.tw
劃撥帳號	50003033
戶名	英屬蓋曼群島商家庭傳媒股份有限公司城邦分公司
網站	www.businessweekly.com.tw
香港發行所	城邦（香港）出版集團有限公司 香港灣仔駱克道 193 號東超商業中心 1 樓 電話：(852) 2508-6231 傳真：(852) 2578-9337 E-mail：hkcite@biznetvigator.com
製版印刷	中原造像股份有限公司
總經銷	聯合發行股份有限公司 電話：(02) 2917-8022
初版 1 刷	2022 年 2 月
初版 5 刷	2024 年 7 月
定價	320 元
ISBN	978-626-7099-07-0（平裝）
EISBN	978-626-7099-09-4 (PDF) ／ 978-626-7099-08-7 (EPUB)

國家圖書館出版品預行編目 (CIP) 資料

像冠軍一樣思考：運動心理學大師的 20 個思維訓練，成功從心態開始／比爾・貝斯維克 Bill Beswick 著 ; 葛窈君譯 . -- 初版 . -- 臺北市 : 城邦文化事業股份有限公司 商業周刊 , 2022.02

208 面 ; 14.8*21 公分

譯 自 : Changing Your Story: 20 Life Lessons Drawn From Elite Sport

ISBN 978-626-7099-07-0 (平裝)

1. 自我肯定　2. 自我實現　3. 生活指導

177.2　110022508

生命樹

Health is the greatest gift, contentment the greatest wealth.
~Gautama Buddha

健康是最大的利益，知足是最好的財富。 ——佛陀